会社も税務署も教えてくれない

会社員のための節税のすべて

Yoshitaka Kobayashi
小林　義崇

PHPビジネス新書

はじめに

「サラリーマン向けに節税の記事を書いて欲しい」
そのような依頼をいただく機会が年々増えています。

私は現在、ライターとしてマネージャンルの書籍や記事などを書く仕事をしていますが、2017年に独立する前の13年間は東京国税局の職員として勤務していました。

職員をしていた当時は、節税に取り組むのは個人事業主や会社経営者であり、サラリーマンと節税は縁遠いものという印象をもっていました。日本の税制では、サラリーマンは源泉徴収や年末調整によって税金の手続きを代行してもらえるので、税金の基本的なルールを知らない人や関心のない人が多数派です。それにもかかわらず昨今は節税に関心をもつサラリーマンが増えていることに、時代の変化を感じずにはいられません。

サラリーマンを対象とする節税情報のニーズが高まっているのは、やはり昨今高まっている経済的な不安によるものと考えられます。

サラリーマンを取り巻く経済的な環境は、この20～30年の間に大きく変わっています。「失われた30年」と呼ばれる長期的な不況により、サラリーマンの給料や退職金は上がらず、逆に税金や社会保険料などの負担は増してきました。消費税が10％に上がったことは記憶に新しいですが、その他にも見えないところで**さまざまな形で負担が重たくなっている**のです。

こうした時代において、節税が注目を集めるのは自然なことです。節税に取り組むことで、少しでも負担を抑えようとするサラリーマンは、今後ますます増えていくことでしょう。

詳しくは本文で説明しますが、**今は自動的に適用される節税の制度が次々と廃止され、その代わりに任意で使える節税の制度が増えています**。そのため、同じ収入の人であっても、知識の違いによって税金の負担に無視できないほどの差が出てしまいます。

給料が上がらない時代ですから副業や投資などで収入を増やそうとするサラリーマンが増えていますが、このときにもやはり税金の問題が発生します。得た収入について正しく確定申告をしないと、税務調査の対象となりペナルティがつく可能性もゼロではないため、ルールを知る必要があります。

納める税金は、多すぎても、少なすぎても、問題です。一人ひとりにとって適切な税金を納めるには、税金の知識をつけることが不可欠です。
そこで本書では、「節税」をキーワードに、税金の基本的な知識を身につけていただくように意図しました。

第1章で日本のサラリーマンを取り巻く環境を整理したうえで、第2章以降で具体的な節税方法を説明していきます。身近な節税方法から順番に取り上げ、最終的には相続税や贈与税といった、いずれ直面する可能性がある税金についても解説します。

第1章　サラリーマンが節税に取り組むべき理由
第2章　節税のしくみを知ろう
第3章　今すぐできる、控除を使った節税方法
第4章　副業・投資で稼ぐときの節税方法
第5章　退職金・年金・相続・贈与――シニア向けの節税方法

なお、本書で紹介している各種制度の条件等は2023年2月時点の情報をもとにしています。本書は税金のルールのイメージをつかむための参考として活用いただき、より詳しい情報は最新の法令を確認してください。

2023年3月

小林義崇

会社も税務署も教えてくれない
会社員のための節税のすべて

目次

第2章 節税のしくみを知ろう

第3章 今すぐできる、控除を使った節税方法

第4章

副業・投資で稼ぐときの節税方法

第5章 退職金・年金・相続・贈与——シニア向けの節税方法

第1章

サラリーマンが節税に取り組むべき理由

収入が増えない時代

かつては、「サラリーマンとして定年まで勤め上げれば、老後まで安泰」というイメージがありました。しかし、給料や退職金に関する統計で過去と現在を比較すると、現代の日本のサラリーマンが置かれている厳しい現状が見えてきます。

◇いまだに1990年の給与水準を超えられない日本

バブル崩壊までの日本は、給料が右肩上がりに伸びていました。そのため、安定した収入のあるサラリーマンの多くは、今ほど経済的な不安を抱えていなかったと考えられます。

しかし、今はサラリーマンの給料は上がらず、むしろ下がっている状況です。令和２年版「厚生労働白書」によると、１年を通じて勤務した給与所得者の２０１８年の平均給与

図表1-1　平均給与（実質）の推移
（1年を通じて勤務した給与所得者）

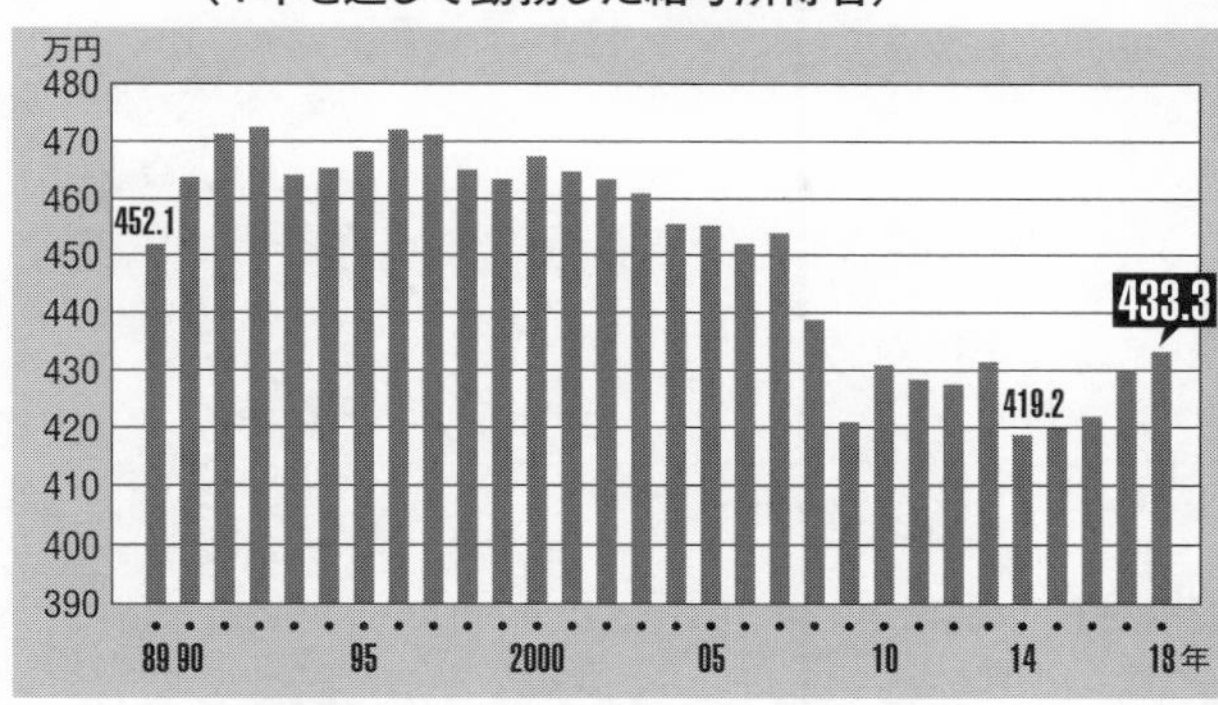

資料：厚生労働省政策統括官付政策立案・評価担当参事官室において、国税庁「民間給与実態統計調査」のうち、1年勤続者の平均給与を2015年基準の消費者物価指数（持ち家の帰属家賃を除く総合）で補正した。
出所：令和2年版『厚生労働白書』
https://www.mhlw.go.jp/stf/wp/hakusyo/kousei/19/backdata/01-01-08-02.html

は「433万円」でした。この数値は30年前を下回る水準です。

こうした状況にあっても、「今は生活できているから大丈夫」と思われるかもしれません。たしかに、日本は給料が上がらない一方で、デフレが続き物価は低く抑えられています。600円もあればランチには十分ですし、100円均一のショップで日用品を揃えることもできますから、贅沢をしなければ生活できる状況にあります。

ただ、これがいつまで続くのかは誰にも分かりません。海外に目を向けると、多くの国で経済成長にともない物

図表1-2 実質賃金指数の推移の国際比較（1997年=100）

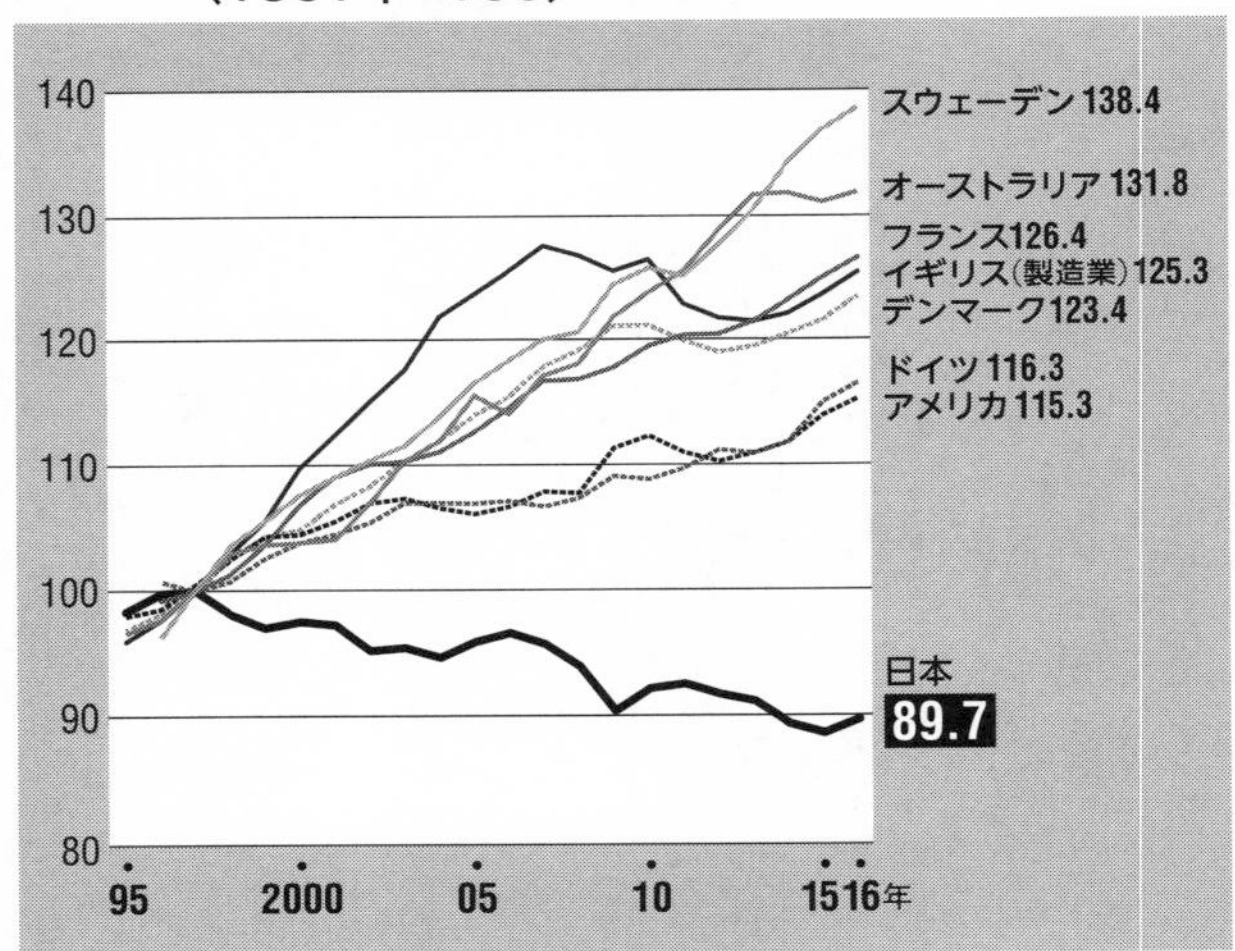

出典：oecd.statより全労連が作成（日本のデータは毎月勤労統計調査によるもの）。
注：民間産業の時間当たり賃金（一時金・時間外手当含む）を消費者物価指数でデフレートした。オーストラリアは2013年以降、第2・四半期と第4・四半期のデータの単純平均値。仏と独の2016年データは第1〜第3・四半期の単純平均値。英は製造業のデータのみ。
出所：全労連ホームページ
https://www.zenroren.gr.jp/jp/housei/data/2018/180221_02.pdf

価が上がっています。これにより、食品などの多くを輸入品に頼る日本で暮らす私たちの生活が苦しくなっていくと考えられます。

世界のマクドナルドのビッグマックの価格によって物価水準を比較する「ビッグマック指数」を見ると、海外との物価の差を強く感じます。トップのスイスでは日本円に換算して約900円でビッグマックが販売されているそうです。これは日本に住む人には高いと思われるのではないでしょうか。

しかし、実際は日本のビッグマックが安すぎるのです。２０２３年1月時点のビッグマック指数を見ると、日本は４１０円で世界第41位に位置しています。アジアで比較しても、韓国（５１６円）、タイ（５０７円）、中国（４６０円）が日本より上位にきています。


２０２２年に入り、ウクライナ情勢や急速な円安の影響を受け、日本でも食品やティッシュなどさまざまなものの価格が上昇しています。日本マクドナルドの値上げも止まらず、ビッグマックは４５０円になりました。

こうした物価上昇が日本人の給料アップにつながればいいのですが、そうなるとは言い切れません。もし給料が増えず、物価が上がっていくとしたら、ますます日本人は貧しくなっていきます。

◆退職金や年金だけでは老後資金が足りない

退職金で住宅ローンを完済（かんさい）して、老後は貯蓄と年金で過ごすという、これまでのライフスタイルが変わりつつあります。

ＭＵＦＧ資産形成研究所が２０１９年に発表した「退職前後世代の老後の生活に関する意識調査─老後生活収支に対する認識について─」によると、リタイア期に入った退職層で、年金などの定期収入だけで老後資金が賄えない人のうち81・6％が「貯蓄（退職金含む）の取り崩しで賄える（賄っている）」と回答しています。

この調査を見る限り、今も退職金や貯蓄を使って老後の生活を賄えている人が主流ですが、そのようなケースはこれから減っていくと考えられます。

厚生労働省が取りまとめた「就労条件総合調査」によると、２００３年の大卒者の定年時平均退職金額は、２４９９万円でした。ところが、同調査の5年おきの推移を見てみると、２２８０万円（２００８年）、１９４１万円（２０１３年）、１７８８万円（２０１８年）と激しい減少を見せています。

しかも、この数値は定年まで勤め上げた人のケースですから、転職や独立などキャリアチェンジをした人は、ほとんど退職金をもらえないということも考えられます。終身雇用を前提としたサラリーマンの働き方は根本から崩れつつあり、老後の生活をイメージする

図表1-3　定期収入で足りない分はどのように賄おうと考えているか（賄っているか）

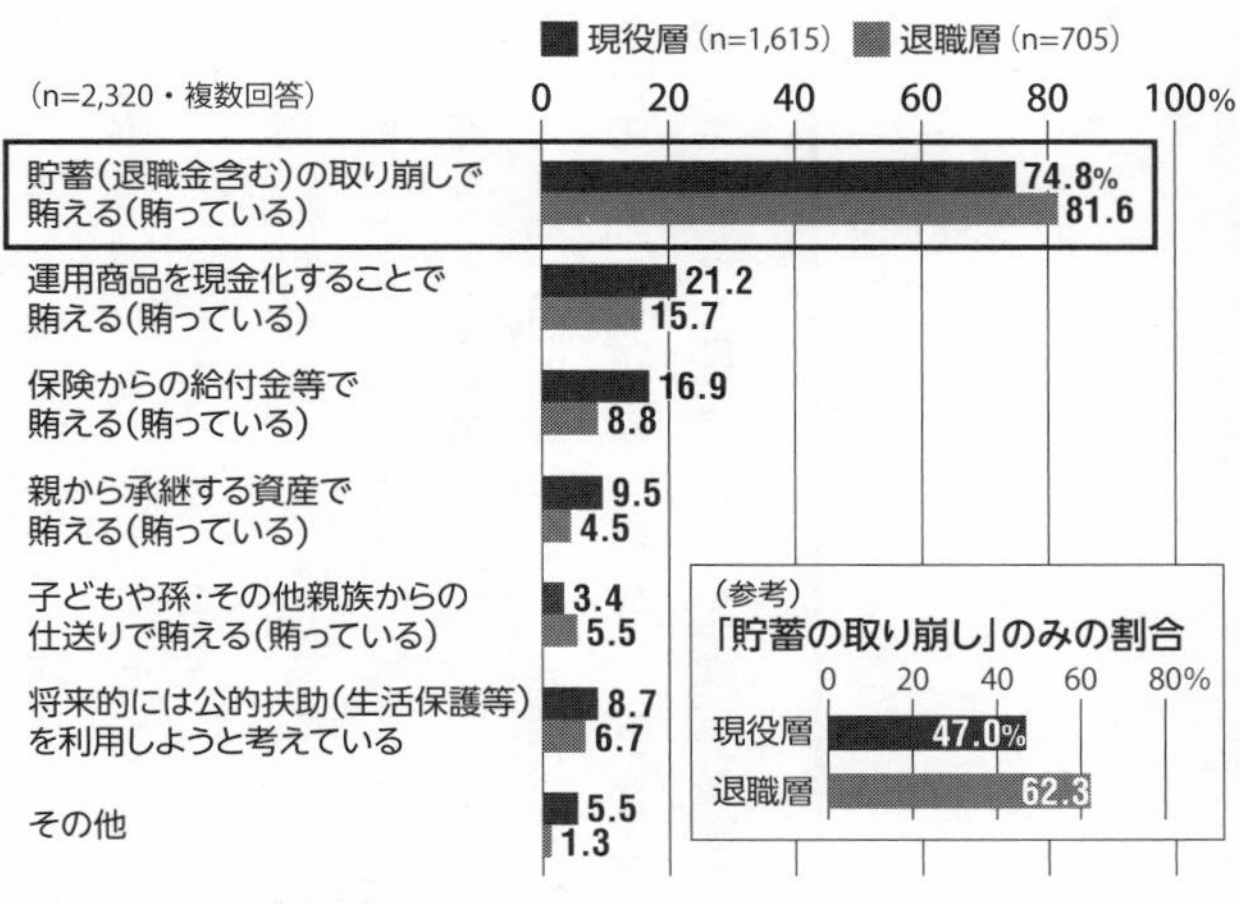

出所：MUFG資産形成研究所
「退職前後世代の老後の生活に関する意識調査
-老後生活収支に対する認識について-」（2019年）
https://www.tr.mufg.jp/shisan-ken/pdf/kinnyuu_literacy_04.pdf

ことは難しくなっています。

次に年金の状況についても見ておきましょう。日本の年金は賦課方式となっており、現役世代の保険料負担で高齢者の年金を支える構造になっています。そのため、少子高齢化の日本においては、今後年金の条件が悪化するおそれがあります。

日本の年金は、夫が40年間厚生年金に加入し、妻が40年間専業主婦または扶養の範囲内（年収106万円以下）の収入である家庭を「モデル世帯」とし、モデル世帯の所得代替率が50％を下回らないようにすることを目指しています。

所得代替率とは、年金を受け取り始める時点（65歳）における年金額が、現役世代の手取り収入額と比較してどのくらいの割合かを示すものです。

政府の目標が所得代替率50％ということは、現役時代の手取り収入の半分程度の年金をもらえればいいということです。老後にある程度豊かな生活を送りたければ、足りない資金は自ら準備する必要があります。

後ほどあらためて説明しますが、**政府は個人型確定拠出年金（iDeCo）やつみたてNISAなどの税制優遇措置を設けて、投資で老後資金を増やすことを促しています。こうした方法を活用して、節税しながら老後資産を蓄えることが、これからの時代は不可欠です。**

負担は重たくなる一方

収入が増えない状況でありながら、負担は徐々に増えているのが昨今の日本です。税金に目が向きがちですが、社会保険料の増加も無視できません。

◆税・社会保険の負担率は5割に迫る

毎年昇給しているはずなのに、思ったよりも手取りが増えないと感じることはないでしょうか。これは、社会保険料の負担が増えたことによる可能性が高いです。

図表1-4は、1975年(昭和50年)から2022年(令和4年)の国民負担率の推移を示したものです。国民負担率とは、国民の所得に占める租税負担と社会保障負担の割合で

図表1-4 国民負担率の推移

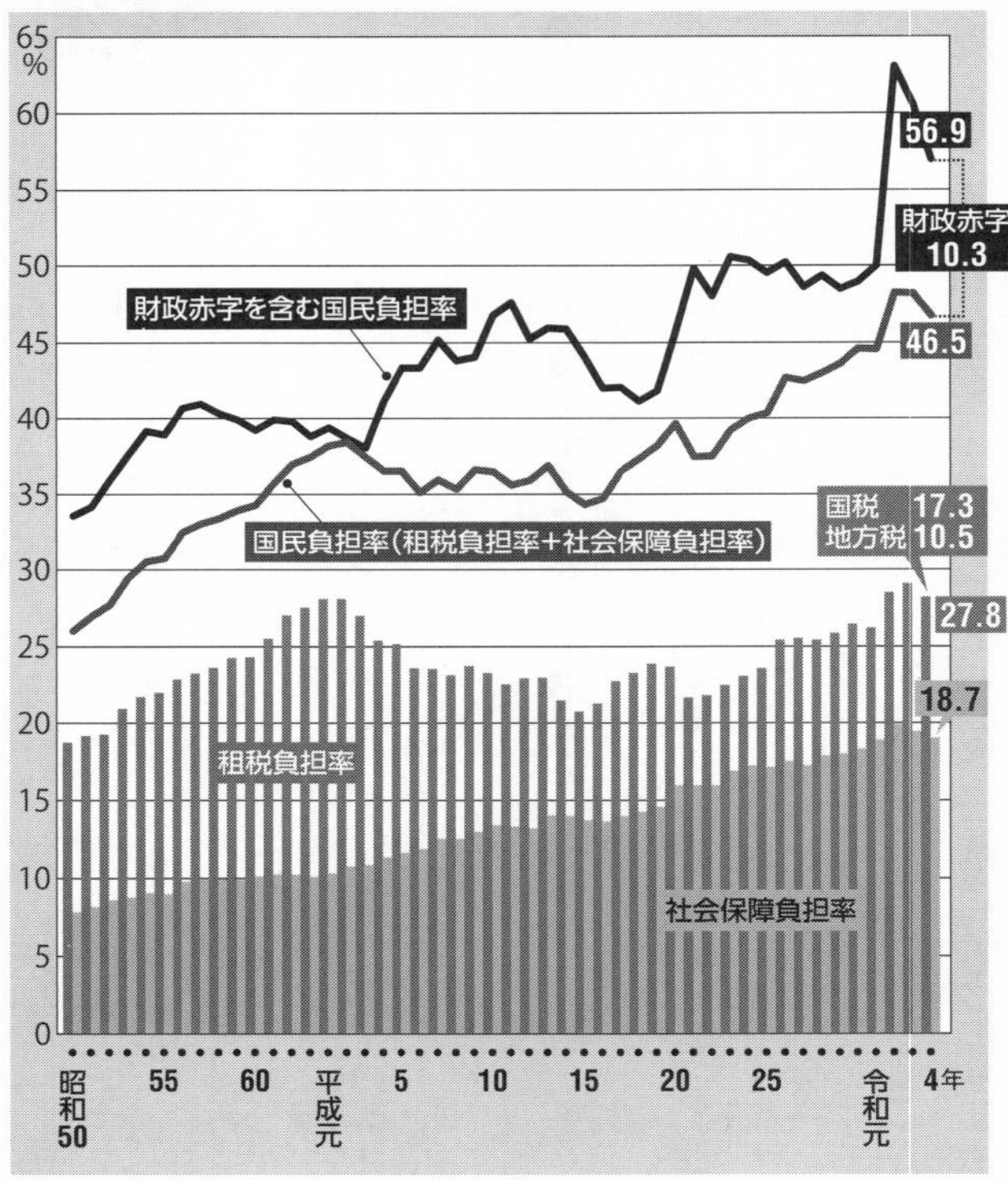

注：1.令和2年度までは実績、令和3年度は実績見込み、令和4年度は見通しである。
2.財政赤字の計数は、国及び地方の財政収支の赤字であり、一時的な特殊要因を除いた数値。
具体的には、平成10年度は国鉄長期債務の一般会計承継、平成20年度は日本高速道路保有・債務返済機構債務の一般会計承継、平成23年度は日本高速道路保有・債務返済機構の一般会計への国庫納付を除いている。
3.平成６年度以降は08SNA、昭和55年度以降は93SNA、昭和54年度以前は68SNAに基づく計数である。
ただし、租税負担の計数は租税収入ベースであり、SNAベースとは異なる。

出所：財務省ホームページ
https://www.mof.go.jp/tax_policy/summary/condition/a04.htm

す。これを見ると、とくに社会保障の負担率が伸びていることが分かります。昭和と令和を比べると2倍ほどの開きがあります。

社会保障負担のうち、私たちが主に負担しているのが健康保険料と年金保険料です。**サラリーマンの場合、健康保険料と厚生年金保険料が給料などから天引きされています。**

これらの社会保険料は、4～6月の平均月給などで決まる標準報酬月額と、ボーナスの千円未満を切り捨てた標準賞与額に基づき、一定の率を掛けて計算されます。

この**保険料率が、かつてなく高くなっている**のです。健康保険料の保険料率は勤務先の健康保険組合によりますが、主に中小企業の従業員や家族が加入する協会けんぽの場合、1977年度の8・00％から、現在は10％程度に上昇しています。

さらに、2000年度に介護保険が創設され、**40歳以上の人は健康保険料に加えて介護保険料も支払う義務があります。**協会けんぽに加入している40歳以上の人は、健康保険料と介護保険料の率を合わせて12％程度を負担しなくてはいけません。

厚生年金の保険料についても、2004年10月から毎年0・354％ずつ引き上げられ、2017年9月以降は18・3％となりました。

これらの**社会保険料は、勤務先と従業員で折半する**形ですが、それでも決して負担が少ないとは言えません。たとえば東京都の会社に勤務する、40歳で、標準報酬月額30万円の人の場合、月々の給料から差し引かれる社会保険料は約4万5000円に上ります（協会けんぽ、2022年度の保険料率で計算）。

〈労使折半後〉

- 健康保険料（介護保険料を含む）　1万7175円
- 厚生年金保険料　2万7450円

合計＝4万4625円

収入が月平均30万円であることを考えると、これらの保険料の負担は重たく感じられるのではないでしょうか。収入の約6分の1もの額が引かれ、**さらにここから所得税や住民税、雇用保険料も取られてしまう**のです。

なお、**社会保険料は自らの行動で負担を下げるのが困難です**。自分の給料や賞与を自分で決められる経営者であれば対策の余地がありますが、普通のサラリーマンは収入をコントロールできないので、収入に応じた社会保険料を負担する他ありません。

社会保険料については、保険料を減らすことより、**高額療養費制度や出産手当金のような給付を確実に受け取ることを意識したほうがいいです。**

家計の改善を行うときは、節税により税負担を抑えることが現実的な対策になります。

◆増税のターゲットはサラリーマン・高所得者

税金のしくみは毎年変わりますが、近年顕著(けんちょ)になっているのがサラリーマンや高所得者をターゲットにした増税です。以下は一例ですが、サラリーマンの税負担に直結する改正がなされています。

〈2018年改正〉

- 年間所得900万円超の人の配偶者控除(こうじょ)・配偶者特別控除額を引き下げ

図表1-5 給与所得控除の限度額の推移

改正年	控除限度額	控除が頭打ちになる年収
2013年	245万円	1,500万円
2016年	230万円	1,200万円
2017年	220万円	1,000万円
2020年	195万円	850万円

〈2020年改正〉

- 年収850万円超の人の給与所得控除額を引き下げ
- 公的年金など以外の年間所得1000万円超の人の公的年金等控除額を引き下げ
- 年間所得2400万円超の人の基礎控除額を引き下げ

サラリーマンの所得税や住民税は、給与所得に基づき計算されます。この給与所得は、給与収入から給与所得控除額を差し引いて計算します。当然ながら**給与所得控除額が多いほうが、税金の負担が下がるわけですが、この控除額が度重(たびかさ)なる税制改正により減っている**のです。

1974年から2012年まで給与所得控除に上限はありませんでした。年収がいかに高くとも、一定の割合を掛けた金額を差し引いて所得を計算することが可能だったのです。

しかし、２０１３年に給与所得控除額の上限が２４５万円に設定され、年収１５００万円を超えると控除額が一切増えない形になりました。これは高所得者をターゲットにした増税に他なりません。さらにその後も給与所得控除の改正は続き、図表１-５のとおり縮小されてきました。

給与所得控除額の引き下げに加えて、**使い勝手のよかった減税措置のいくつかが廃止された**ことも気になる点です。

私が東京国税局に入った２００４年には、65歳以上のほぼすべての人が対象となる「老年者控除」や、所得税の20％、住民税の15％が一律減額される「定率減税」といった制度がありました。これらの制度はとくに手続きをせずとも税負担を下げてくれていたのですが、すでに廃止されています。

その一方で、**個人型確定拠出年金（ｉＤｅＣｏ）やふるさと納税のように、新しい節税方法も登場しています。これらは自動的に適用されるものではなく、自身が主体的に動かなくてはいけません。**

こうした傾向から言えるのは、**節税のための行動を何も起こさずにいると、税負担は自然と増えてしまう**ということです。最初は気にならないとしても、これが何年も積み重なると税負担の差は著しいものになります。

◇相続税が中間層を直撃

負担が増えているのは所得税や住民税だけではありません。2019年10月1日から、食品などの一部の商品を除き消費税が10％になりましたし、たばこ税や酒税も総じて増税しています。

我々一般庶民に馴染みのなかった相続税についても2015年に大きな改正があり、申告が必要となる人が大幅に増えています。

相続税は第5章であらためて取り上げますが、手厚い基礎控除額のおかげで多くの人は申告や納税をする必要がありませんでした。2014年以前の基礎控除額の計算は、「5000万円＋法定相続人の数×1000万円」というもので、たとえば妻と子2人が相続する場合、基礎控除額は８０００万円となり、これを超える遺産がなければ相続税はかからなかったのです。

ところが、２０１５年以降、基礎控除額は「３０００万円＋法定相続人の数×６００万円」で計算するようになっています。先ほどと同じく妻と子２人のケースで考えると、基礎控除額は４８００万円ですから、都内に住宅をもっている人などは、相続税の申告が必要になると考えられます。

この改正が行われる前は、相続税の申告が必要な人は、全死亡者の４％程度でした。しかし、この割合が今や９％を超えています。

相続税の節税が富裕層だけに必要だったのは過去の話です。これからは、多くの人が相続税のルールを知り、節税に取り組む必要があると言えます。

◇さらなる増税もあり得る

日本は長らく財政赤字が続いており、これを国債（こくさい）という、いわば国の借金によって賄っています。日本では少子高齢化で働ける人の数が減っているにもかかわらず、年金や医療

図表1-6 日本の財政構造の変化

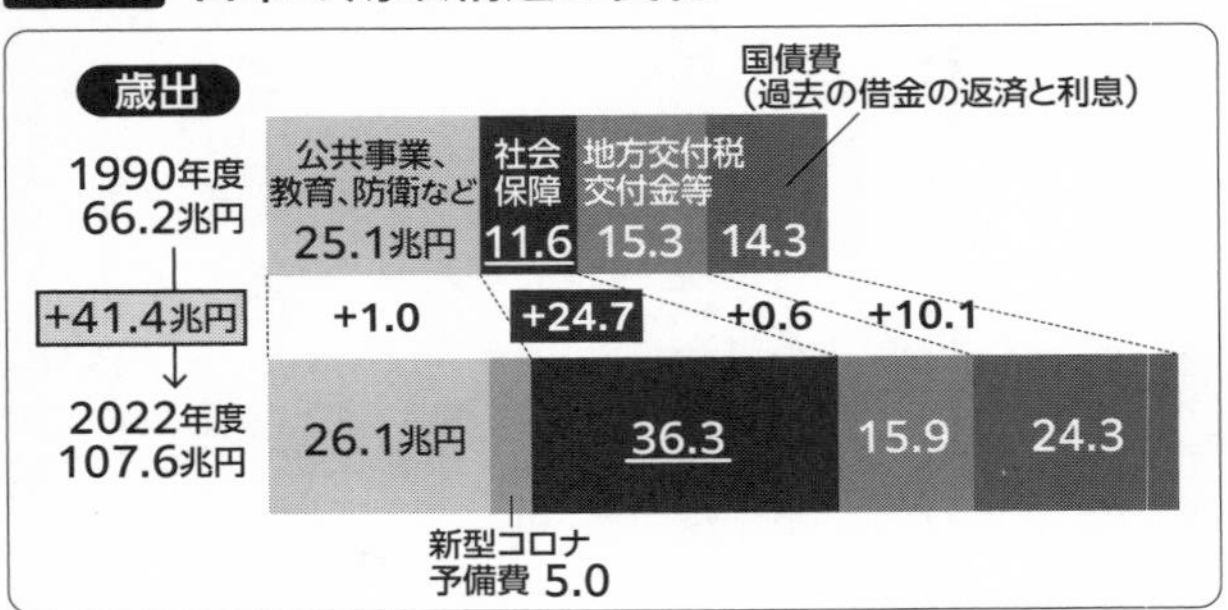

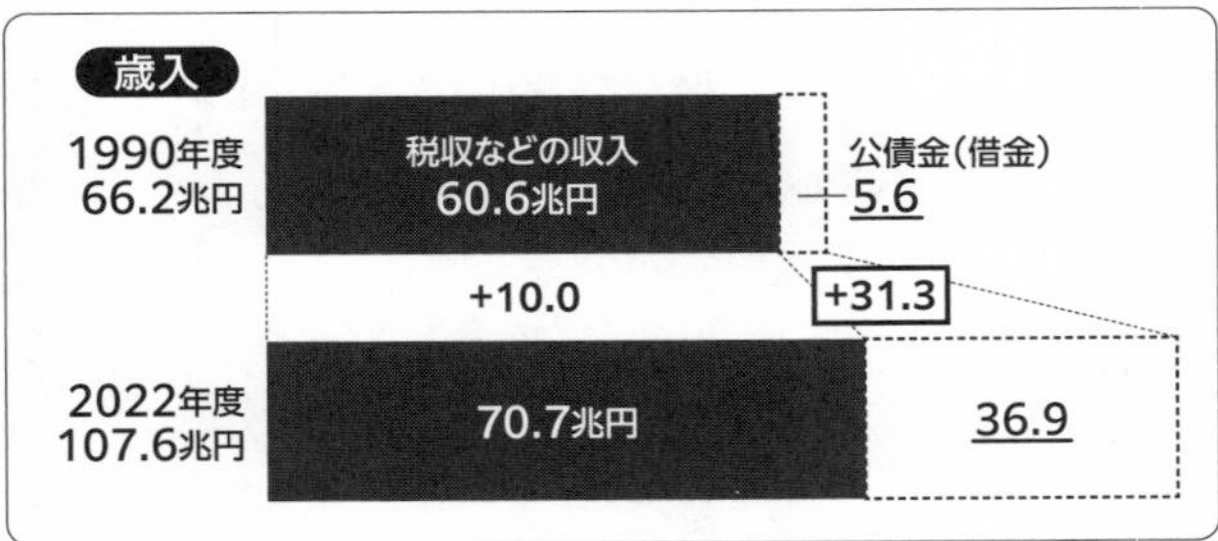

注：当初予算ベース
出所：財務省ホームページ「これからの日本のために財政を考える」
https://www.mof.go.jp/zaisei/aging-society/index.html

などの社会保障費が増えています。構造的に税収不足から抜け出すことができず、毎年赤字国債を発行している状況です。

こうした状況にあるため、今後も日本政府はさらなる負担増加に踏み切る可能性が高いでしょう。

財務省がホームページで公開している「これからの日本のために財政を考える」に今後の増税を予想させるような記述がいくつかありますので、

抜粋したいと思います。

図表1-6は「これからの日本のために財政を考える」に掲載されているもので（2023年3月時点）、1990年度と2022年度の歳出・歳入が比較されています。これによると、社会保障関連費が約25兆円増えている一方、税収の増加は10兆円ほどに留まっています。そして、同じ資料の中に次のような文言があります。

「財政構造を諸外国と比較すると、現在の日本の社会保障支出の規模は対GDP比で国際的に中程度であるのに対し、社会保障以外の支出規模は低い水準であり、これらを賄う税収の規模も低い水準となっています」

この記述を見ると、社会保障以外の支出、つまり日本人の税金の負担は決して大きくないため、まだ上げる余地があるという財務省の考えが見えてきます。

高齢化が急速に進み、社会保障費が年々増加している日本では、財源不足が深刻化しています。これを補（おぎな）うために、**現役世代のみならず、高齢者に対する増税も徐々に実施されていくと考えるのが自然でしょう。**

図表1-7

財務省は「日本の税収の規模は諸外国と比べて低い」と説明している

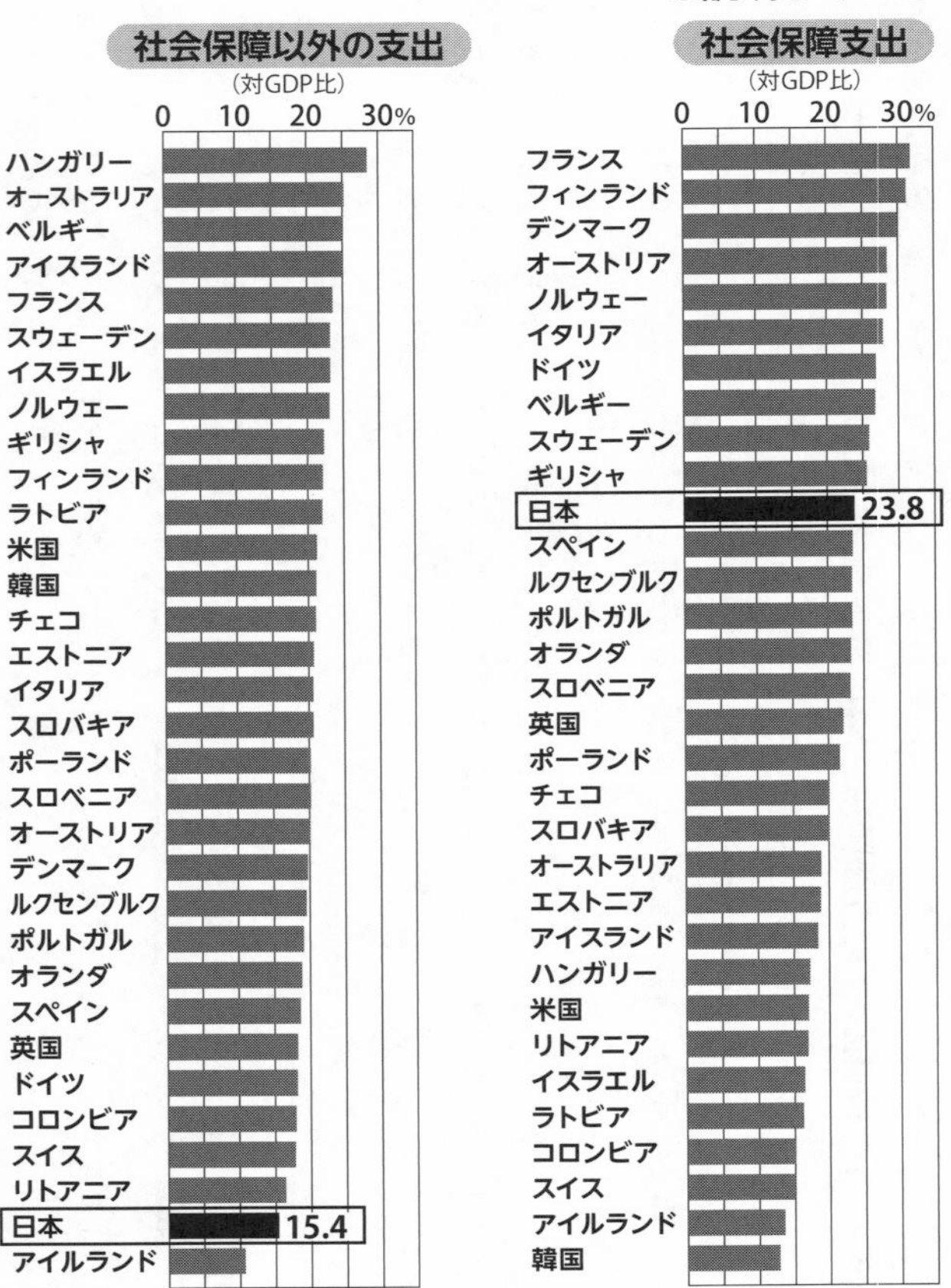

資料：OECD "National Accounts"、"Revenue Statistics"、内閣府「国民経済計算」などを基に作成

注：日本は2019年度実績、諸外国は2019年実績（リトアニアは2017年実績）

出所：財務省ホームページ「これからの日本のために財政を考える」
https://www.mof.go.jp/zaisei/reference/reference-02.html

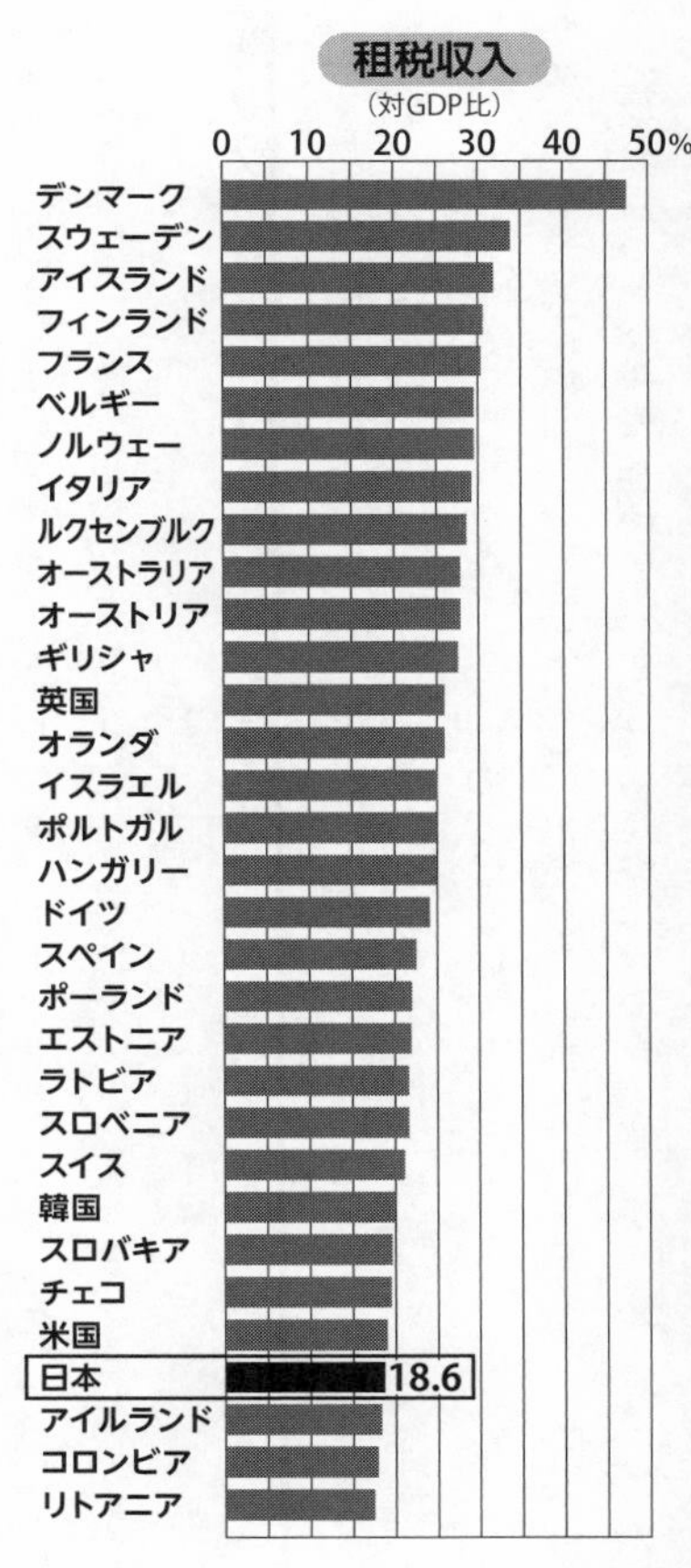
租税収入
（対GDP比）
0
10
20
30
40
50%
デンマーク
スウェーデン
アイスランド
フィンランド
フランス
ベルギー
ノルウェー
イタリア
ルクセンブルク
オーストラリア
オーストリア
ギリシャ
英国
オランダ
イスラエル
ポルトガル
ハンガリー
ドイツ
スペイン
ポーランド
エストニア
ラトビア
スロベニア
スイス
韓国
スロバキア
チェコ
米国
日本
18.6
アイルランド
コロンビア
リトアニア

日本のサラリーマンが税金を知らない理由

今後の増税が予想される今、誰もが節税に取り組む必要があります。ここで乗り越えなくてはならないのが税金に関する知識不足です。とくにサラリーマンの場合、構造的に税金のしくみを理解しにくい事情があるため、意識的に税金のルールを学ぶ必要があります。

◇源泉徴収が税金から目をそらさせる

日本では、税金について体系的に学べる機会がありません。学校で税金の計算方法など教わったことのある人は、ほとんどいないのではないでしょうか。一応、毎年11月中旬に国税庁が「税を考える週間」を設けるなど、租税教育を行っていますが、これだけで社会に出て必要となるレベルの知識を得るのは困難です。

２０２２年４月から高校の学習指導要領に金融教育が盛り込まれたものの、税金に関する項目はなく、今後も税金の知識をもたずに社会に出る人が大半だと考えられます。もちろん、社会に出てから税金を学んでも決して遅くはないのですが、日本のサラリーマンの場合、税金の知識をもたないまま年齢を重ねる人がほとんどです。

そのようなことが起きる理由は複数考えられますが、もっとも大きな理由が「源泉徴収」というしくみにあります。

源泉徴収とは、給料などの支払者が、支払いのタイミングで所得税を差し引いて、税務署に納税をする手続きです。これにより、日本のサラリーマンは税金について勉強せずとも、税金の手続きの大半を完結させることができます。

サラリーマンの税金の処理の流れをまとめると、次のようになります。

1　勤務先が、あらかじめ所得税を差し引いて従業員に給料や賞与を支払う
2　勤務先が、従業員から差し引いた所得税を税務署に納める
3　勤務先が、所得税の過不足額を精算する(年末調整)

4　勤務先が、税務署に年末調整の結果を報告する

これらの手続きは、主語が「勤務先」になっていることに注目してください。源泉徴収の手続きを行うのは勤務先であり、サラリーマン本人ではありません。会社から言われるままに書類などを出せば、税金の手続きが完了するというわけです。

日本の税制の基本は「申告納税制度」ですから、個人事業主などは自ら税金の計算を行い、確定申告という形で手続きをします。そのため、主体的に節税について学ぼうとする意識が生まれ、自然と税金の知識が身につきます。

ところがサラリーマンの多くは、源泉徴収のしくみがあるため、確定申告を行うことはほぼなく、税金について学ぶ機会はほとんどありません。

サラリーマンの税務手続きに源泉徴収制度が採用された背景には、「納税の簡易化」や「納税者の捕捉」といった目的がありました。言い換えれば、国は税金を簡単に取るために源泉徴収を利用しているのです。

源泉徴収制度は日本の税務行政にとってなくてはならないしくみであり、今後もなくな

ることはないでしょう。ただ、手続きを会社任せにするあまり、税金に疎いサラリーマンを大量に生んでしまっているという意味で、源泉徴収制度に問題がないとは言えません。

◇自営業者よりもサラリーマンのほうが不利

私は国税職員時代、主に相続税を担当していました。当時感じていたのは、相続税がかかるような資産家には自営業者として財を成した人が多く、サラリーマン出身者は少数派ということでした。

この原因として、ひとつは自営業者には定年がないため長く働けるという点が挙げられます。さらに、自営業者の中には、サラリーマンほど税金を納めてこなかった人がいる点も、少なからず影響していると考えられます。

このことを端的に表すのが、「クロヨン」という言葉です。これは、自営業や農業従事者に比べて、サラリーマンの税負担が重くなっていることを示しています。税務署による所得の捕捉率が、給与所得者は9割、自営業者は6割、農業世帯は4割だということから、クロヨンと言われるようになりました。この他、「トーゴーサン」(10：5：3)という言葉も、クロヨンと同じ意味で使われています。

職業別の税負担に公式な統計はなく、クロヨンやトーゴーサンに具体的な裏付けはありません。しかし、税金の構造上、自営業者に比べ、サラリーマンのほうが税負担が重くなりやすい点は否めません。

前述のとおり、サラリーマンの場合、毎月の給料やボーナスから源泉徴収が行われており、勤務先を通じて税金を取られていますから、税金から逃れることはほとんど不可能です。

しかし、自営業者の場合、自らが行う確定申告の内容次第で税金が決まります。そのため、節税に熱心な自営業者であれば税負担を下げることが可能です。

もっとも、合法的な節税であればいいのですが、知識不足からプライベートの支払いを経費として申告していたり、意図的に確定申告を怠って税金逃れをしたりする自営業者も、確実に存在します。

もちろん、こうした自営業者に対して、税務署は税務調査を行い厳正に対処していますが、日本全国に１０００万人以上いるとされる自営業者のすべてを税務調査で是正することは現実的に不可能です。

このような意味から、自営業者とサラリーマンを比べると、たとえ同じ収入レベルであっても、生涯で納める税金に大きな差が出る可能性があるのです。

税金は不公平？

増税が話題になると、必ずと言っていいほど「不公平だ」という意見が聞かれます。なぜ自分ばかり負担を強いられるのか、もっと他に負担すべき人がいるのではないか。そう思うのは私も理解できます。

ただ、ひとつ認識しておきたいのは、**日本の税制の大原則に「公平」が含まれている**ということです。公平を目指しているはずの税金がなぜ不公平に感じられるのか、その理由を見ていきましょう。

◇完全に公平な税金はあり得ない

日本の税制には「公平」「中立」「簡素」という3つの原則があり、なかでも公平は最重

図表1-8 日本の税制の3つの原則

公平の原則	経済力が同等の人に等しい負担を求める「水平的公平」と、経済力のある人により大きな負担を求める「垂直的公平」がある。さらに、近年では「世代間の公平」がいっそう重要となってきている。
中立の原則	個人や企業の経済活動における選択を歪めないようにする。
簡素の原則	しくみをできるだけ簡素にし、理解しやすいものにする。

要の原則とされています。

それにもかかわらず税金が不公平に感じられるのは、なぜなのでしょうか。

「公平」という言葉には複数の意味合いがあり、「こうすれば誰にとっても公平」ということにはなりません。たとえば「収入の高い人ほど多く税金を負担すべき」という考えや、「贅沢をしている人に多く課税すべきだ」といった多様な尺度があるので、なかなか公平を実現させるのは難しいのです。

こうした公平の尺度を整理するのが、「垂直的公平」と「水平的公平」という2つの尺度です。

垂直的公平とは、「経済力のある人ほど多

く負担すべき」という考えに立ったものです。このように、稼ぐ能力に応じて税負担をするべきという考え方は「応能負担の原則」とも呼ばれます。

日本の所得税には、垂直的公平の考えが色濃く反映されています。超過累進税率が導入され、**所得金額が増えるほど税率が上がるのは、まさに垂直的公平を意図したもの**です。年収が一定額以上になると給与所得控除が頭打ちになるしくみも同様です。

垂直的公平は一見して合理的に思えますが、これだけを追求するとかえって不公平な状況を招きます。

たとえば、高収入のAさんと、無収入のBさんとを比べてみましょう。日本の税金が所得税だけだと、Aさんには多くの税金がかかり、Bさんには税金がかかりません。垂直的公平が実現します。

でも、このBさんが親から多額の財産を相続していて、毎日贅沢な生活をしていたとしたらどう思いますか？　Bさんに税金がかからないのは不公平に感じるのではないでしょうか。

垂直的公平に偏りすぎると、収入のない資産家や高齢者が税金を免れ、現役の労働者に税負担が集中してしまうので、これではやはり不公平です。

そこで、次に出てくるのが「水平的公平」です。こちらは、「税の負担能力が等しい人は等しく負担すべき」というスタンスに立ちます。収入ではなく公共サービスを受けている事実に着目するという形です。

消費税は、水平的公平につながる税金と言われます。収入によらず、多く消費できる経済力がある人が消費税を多く負担するわけですから、無収入の人に対しても税負担を求めることができます。

とはいえ、世の中の税金をすべて消費税にしてしまえば、消費税の税率を上げなくてはならず、高齢者のように収入が低い人は生活が困難になってしまいます。

このように**2つの公平の特徴を見てみると、どちらか一方に偏ると不公平を避けられないので、複数の税金を組み合わせなくてはならない**ことが分かります。

垂直的公平や水平的公平に加えて、「世代間の公平」も近年は注目されています。少子高齢化により人口のバランスが崩れた日本では、異なる世代を比較して負担の公平が保たれているのかという観点が今後重視されるでしょう。

◆知識の差が不公平につながる

公平な税金を実現しようとする意識は、「控除」というしくみにも反映されています。**所得税や住民税には、課税所得を下げる所得控除と、税額を直接減らす税額控除の2タイプがあります。**控除の役割を理解するために、次の2つのケースを比較してみましょう。

1　年収1000万円のAさん。独身で収入はすべて自由に使える。
2　年収1000万円のBさん。病気の妻と、高校生の子ども2人を抱えており、家計はギリギリの状態。

Aさんと Bさんは同じく年収1000万円ですが、この2人の所得税や住民税が同じだと、不公平に感じないでしょうか。

そこで登場するのが控除です。Bさんが多額の医療費を支払っていれば医療費控除を使えます。また、配偶者控除や扶養控除も使えるので、こうした控除を正しく活用すれば、

Aさんよりも税負担は少なくなるはずです。

このように**控除には個々人の事情に合わせて税金を差し引く役割があり、税金の公平性を高めるうえで一役買っている**のですが、気をつけなくてはならないことがあります。

それは、**「控除のほとんどは任意で使うもの」**という点です。

先ほどのBさんは医療費を多く支払っていますが、自ら確定申告をして医療費控除の申請をしなければ税額に反映されません。サラリーマンの場合、多くの控除は年末調整で申請できますが、この申請を怠ると、やはり税負担が増えることになります。

ということは、**税金についての基本的な知識がなければ、本来は使える控除を見落として余分な税金を払うことにもなりかねない**ということです。いくら税制が公平を目指していても、知識の差による不公平はどうしても避けられません。

サラリーマンが税金のことに無頓着（むとんちゃく）でいられた時代はすでに過去です。税金について不公平な状態に陥（おちい）らないためにも、少しずつ節税に役立つ知識を身につけていく必要があるのです。

第2章

節税のしくみを知ろう

給料から引かれている所得税に注目

サラリーマンが節税に取り組むための第一歩が、給与明細をきちんと見ることです。給与明細で引かれている所得税や住民税がどのようにして計算されているのかを知ることで、節税のしくみを理解できます。

◇給与明細に目を向ける

給与明細に書かれている情報を大きく分けると、「支給額」「勤怠(きんたい)実績」「控除(天引き)」の3つです。このうち、節税と関係するのが控除です。

〈給料から差し引かれる控除の例〉

- 所得税
- 住民税
- 厚生年金保険料
- 健康保険料
- 介護保険料（40歳以降にかかる）
- 雇用保険料

これらの控除のうち、所得税は第1章で説明した源泉徴収というルールにより差し引かれています。給料を支払う企業は、社員から所得税を天引きし、税務署に納めることが義務付けられています。

残る住民税、厚生年金保険料、健康保険料、介護保険料、雇用保険料については源泉徴収という言葉は使わないのですが、所得税と同様に勤務先が給与から天引きして、それぞれの納付先に納めるしくみになっています。

節税に取り組むときは、まず給与明細から差し引かれている税金や社会保険料にきちんと目を向けることが大切です。そこで「税金が高すぎる」と感じたら、「年末調整で漏れなく申請しよう」「節税できる方法を考えよう」といった意欲が生まれます。

なお、給与明細に書かれている所得税は仮計算であり、年末調整によって最終的な税額が決まります。そこで、1年間の最終的な所得税を調べるために、**勤務先から交付される源泉徴収票も確認しておきましょう。**源泉徴収票は勤務先から1年に一度交付されるもので、1年間の給料や賞与の総額の他、年末調整を経た後の所得税額や、所得控除に関係する情報などが記載されています。

給与明細や源泉徴収票には節税につながるさまざまな情報が書かれています。最終的な手取り額しか見ないという方が少なくないと思いますが、一つひとつの控除にも目を向けることが、節税の知識を身につけるための最初の一歩になります。

◇所得税が税金の基本

税金と一口に言っても、日本には約50もの種類があります。これらの税金のうち、**最初に節税に取り組むべきは「所得税」です。**

図表2-1　税金の種類

	国　税	地方税
所得課税	所得税 法人税 地方法人税 特別法人事業税 復興特別所得税	住民税 事業税
資産課税等	相続税・贈与税 登録免許税 印紙税	不動産取得税 固定資産税 特別土地保有税 法定外普通税 事業所税 都市計画税 水利地益税 共同施設税 宅地開発税 国民健康保険税 法定外目的税
消費課税	消費税 酒税 たばこ税 たばこ特別税 揮発油税 地方揮発油税 石油ガス税 航空機燃料税 石油石炭税 電源開発促進税 自動車重量税 国際観光旅客税 関税 とん税 特別とん税	地方消費税 地方たばこ税 ゴルフ場利用税 軽油取引税 自動車税（環境性能割・種別割） 軽自動車税（環境性能割・種別割） 鉱区税 狩猟税 鉱産税 入湯税

出所：財務省ホームページ
https://www.mof.go.jp/tax_policy/summary/condition/a01.htm

所得税を簡単に説明すると、「個人の稼ぎに対する税金」ということになります。会社員であれ、自営業であれ、投資家であれ、何らかの形でお金を稼いでいる人には、必ず所得税の問題が出てきます。

退職して年金生活になったとしても、年金に対して所得税がかかりますから、生涯にわたって関わる所得税の節税に取り組むことが合理的です。

なお、今は所得税に「復興特別所得税」という税金が加算されています。復興特別所得税は、東日本大震災からの復興のために設けられた税金で、2037年までの間、所得税の2・1％に相当する金額が加算されるしくみになっています。たとえば、ある年の所得税が10万円なら、復興特別所得税として2100円税金が増えるという形です。

本書で解説する所得税の節税方法については、復興特別所得税にも影響することを頭に置いてください。

復興特別所得税については、防衛費にあてるために新たに所得税に1％の付加税を課す一方、復興特別所得税を1％引き下げる方向で現在議論が進められています。これにともない、現在２０３７年までとされている課税期間が延長される可能性があります。引き続き動向を注視しておきましょう。

所得税を節税すると、住民税も減る

所得税と同様、住民税も私たちの生活と切っても切れない税金です。所得税の節税に取り組めば、住民税の節税にもつながります。

◆住民税はどうやって計算される？

所得税と同じく、「住民税」も個人の稼ぎに対する身近な税金です。**所得税と住民税は、税金を納める先が国か地方自治体かという違いだけで、基本的なしくみは共通しています。**所得税がたくさんかかる人には、住民税もたくさんかかります。そして**所得税を節税すれば、住民税も節税できます。**

ただ、所得税と住民税には、いくつか押さえておきたい違いがあります。

図表2-2 所得税の税率

課税される所得金額（1,000円未満は切り捨て）	税率	控除額
1,000円から194万9,000円まで	5%	0円
195万円から329万9,000円まで	10%	9万7,500円
330万円から694万9,000円まで	20%	42万7,500円
695万円から899万9,000円まで	23%	63万6,000円
900万円から1,799万9,000円まで	33%	153万6,000円
1,800万円から3,999万9,000円まで	40%	279万6,000円
4,000万円以上	45%	479万6,000円

出所：国税庁ホームページ
https://www.nta.go.jp/taxes/shiraberu/taxanswer/shotoku/2260.htm

まずは、「税率」です。所得税の場合、所得金額に応じて税率が変わる超過累進税率というしくみが採用されています。つまり、「たくさん稼いだ人のほうが、税率が高くなる」というしくみです。

一方の住民税は、所得金額に10％を掛けた「所得割」と、年間５０００円程度の固定金額の「均等割」から構成されています。

お住まいの場所によって、所得割と均等割の設定が若干（じゃっかん）変わることはありますが、税額が年間で何千円も変わるようなことは通常ありません。

時々、「住民税が安いところに引っ

越したい」という方がいますが、**引っ越しても住民税はほとんど変わりません。**引っ越しを考えるなら、住民税よりも住み心地や行政サービスを優先したほうがいいでしょう。

所得税と住民税は連動しているので、所得税の節税が住民税にも反映されます。たとえば節税のために医療費控除を30万円申告したとしたら、30万円に所得税と住民税の税率を掛けた金額が節税できます。

◇所得税と住民税の納税タイミングの違い

所得税と住民税の計算の流れはほぼ同じなのですが、納税のタイミングに差があることに注意が必要です。**とくにサラリーマンの場合、所得税と住民税が天引きされるタイミングに大きなズレが出ます。**

繰り返しになりますが、所得税は毎月の給料や賞与の金額に基づき、仮計算した税額が源泉徴収されます。そして、年末調整によって所得税の過不足を精算する形です。

一方、給与から天引きされる住民税については、仮計算ではなく確定した課税所得に応じて計算されます。そして、収入が発生した翌年６月以降の12カ月にわたって住民税の天引きが行われる形になります。

たとえば２０２２年分の給与所得にかかる税金を考えてみましょう。所得税については、２０２２年に支払われる給料や賞与から源泉徴収が行われます。そして、２０２２年分の所得にかかる住民税は、２０２３年６月から２０２４年５月に天引きされます。

このような所得税と住民税の納税時期の差は普段は気にならないと思いますが、**就職したときと、退職したときには少し気をつけておいたほうがいい**です。

就職した年は、所得税の源泉徴収は行われますが、住民税の天引きはありません。住民税が差し引かれるのは原則として就職した翌年の６月以降になりますから、１年目は住民税の天引きが行われないのです。そのため、場合によっては就職２年目の６月から手取り収入が少なくなるおそれがあります。

退職するときも、住民税の問題が出てきます。たとえば、２０２３年３月末に退職したとしましょう。この場合、２０２１年分の住民税の一部（２０２３年４～５月に天引きされるはずだった分）が未納状態なので、退職時に納める必要があります。

また、2022年分の住民税は、本来であれば2023年6月〜2024年5月に天引きされるはずでしたが、退職をすると天引きできないので、自ら納めることになります。

転職や独立などで、一時的に収入が減ったとしても、前職の収入に対する住民税を支払う必要があるので、気をつける必要があります。退職後の生活費や独立資金として使うつもりだったお金が、住民税でなくなってしまうこともあり得るからです。

退職を考えるときは、住民税の支払いがどれくらい必要なのかを確認しておくと安心です。毎年6月頃に届く住民税の通知書を保管しておいて、退職した後にどれくらいの住民税を納めることになるのかを把握しておきましょう。

節税とは何か

時々、「節税はずるい」「節税のことを考えるのは面倒」といったネガティブな声が聞こえてきます。しかし**節税は何ら悪いことではなく、むしろ積極的に行うべきことなのです。**

◆節税とは合法な手段で税金を下げること

これまでに何度も節税という言葉を使ってきましたが、ここであらためて節税の意味を説明しておきます。

辞書の定義では、節税には「非課税制度や所得控除を活用して適法に税負担を軽減すること」という意味があります（『明鏡国語辞典』）。ここで**ポイントになるのは「適法に」ということ**です。

たとえば、必要経費をきちんと計上して、税額を節約するようなケースをイメージしてください。また、医療費控除などの控除を利用して税負担を減らすことも節税方法のひとつです。

こうした方法は法律のルールにのっとって行うものですから、何も問題はありません。節税をしないと余分な税金を払うことになるので、むしろ積極的に行ったほうがいいと言えます。

私自身のことを振り返ると、2017年7月に東京国税局を退職しフリーライターとして独立をしましたが、独立当初の生活を支えてくれたのは節税の知識でした。退職した翌日に開業届などを出し、青色申告などの節税方法(詳しくは後ほど解説します)を取り入れたことで、独立1年目から、所得税と住民税を合わせて20万円ほど節税できました。

独立直後の、収入が少ない時期の私にとって、この20万円がありがたかったことは言うまでもありません。もし節税の知識がなく、これらの節税方法を使わず、しかも必要経費の計上も適当にしていたら、20万円＋αの税金を余計に負担していたはずです。

節税の知識は自分の身を守ってくれます。サラリーマンとして仕事を続ける人も、副業や投資などに取り組む人も、節税をポジティブに考え、積極的に取り組むようにしましょう。

◇「節税」と「脱税」の違い

節税はまったく悪いことではありませんが、脱税は決して許されません。

脱税とは、仮装隠蔽（いんぺい）行為を働いて、税逃れをすることを指します。意図的に税金を少なく申告したり、まったく申告をしなかったりすることは、節税ではなく脱税です。たとえば、「本当は売上５００万円の契約なのに、３００万円の契約と偽って確定申告をした」「取引先と口裏を合わせて、仕入代金を５００万円水増しした」といった悪質なケースが脱税に該当します。

このような場合、税務署や国税局による税務調査が行われます。単純な申告誤りのケースと違い、脱税が疑われる場合、税務調査は長期化します。本人だけでなく、家族や取引先、利用している金融機関などに調査が行われる可能性もあり、信用問題に発展しかねません。

調査の結果、脱税が発覚すると、申告漏れの税額はもちろん、さらに「重加算税」という非常に重たいペナルティを科されます。重加算税の税率は、原則35～40％ですから、たとえば脱税による申告漏れ税額が100万円としたら、ここに35万～40万円が加算されるという計算です。

さらに、税金の未納に対しては別途「延滞税（えんたいぜい）」というペナルティもあり、これらを合わせると隠していた所得の大半が納税で失われることもあり得ます。

税金を抑えたいのであれば、安易に脱税に走るのではなく、正しい知識を身につけて節税に取り組むべきです。

◆節税の基本公式

節税の基本は、「課税の基準を小さくすること」にあります。所得税の場合、以下の算式を頭に入れておきましょう。実際はもう少し細かな計算が加わるのですが、4ステップに簡略化して説明を進めます。

1　収入－必要経費＝所得

2　所得－所得控除＝課税所得
3　課税所得×税率＝税額
4　税額－税額控除＝最終税額

この算式から読み取れるのは、**「必要経費」「所得控除」「税額控除」が増えると、最終税額が減る**ということです。

必要経費はイメージしやすいのではないでしょうか。個人事業主であれば、事業のために支払った家賃や消耗品費などを必要経費として計上できます。

一方、所得控除と税額控除は耳慣れないと思います。「控除」という言葉には、「差し引くこと」という意味があり、所得控除には所得を引き下げる効果が、税額控除には税額を引き下げる効果があります。

所得控除は、税率を掛ける前の所得金額（課税所得金額）を下げるので、控除額がそのまま節税効果にはなりません。たとえば**10万円の所得控除を申請し、税率が30％なら、節税効果は10万円×30％の3万円分**になります。

税額控除は税額から直接差し引けるので、**税額控除が10万円なら、10万円分の節税効果**

になります。

このように節税効果の差はありますが、まずは**「必要経費と2つの控除を漏らさず利用しよう」**という意識をもつことが大切です。どのようなものが必要経費や控除として認められるのかは、第3章以降で説明します。

年末調整がサラリーマンの節税の基本

サラリーマンの節税の第一歩は、年末調整をきちんと行うことです。年末調整でほとんどの控除を申告することができるので、まずは年末調整を最大限利用することを考えましょう。

◇年末調整で申請できる控除

各種控除を使って節税するには、原則として確定申告が必要です。ただ、会社などに勤めているサラリーマンの場合、会社で年末調整をすることでほとんどの控除の手続きが完了します。

本来、所得税の計算は、支払った保険料や扶養親族の数といったさまざまな要素を加味して確定するのですが、会社から給与が支払われる時点では、その年の保険料や扶養親族の人数などが決まらないので、仮計算で源泉徴収を行わざるを得ません。

源泉徴収されているのは仮計算の税額ですから、年末に近づくにつれて「実際の所得税」と「源泉徴収された所得税」に差が出てきます。その差額を精算するために行われているのが、「年末調整」だと理解してください。

年末調整できちんと控除の申請を行うと、源泉徴収で納めすぎた所得税が還付(かんぷ)されます。年末調整が終わった後の12月分や1月分の給料や賞与と合わせて、還付金が支払われるのが一般的です。

年末調整の心構えは、**「漏れなくきちんと書類を出す」**ということに尽きます。ここで申請できる控除を使うことで、還付金を増やすことができます。

年末調整によって受けられる控除は以下のとおりです。各控除の内容は次章で説明しますが、年末調整だけでも、かなりの控除を申請できることが分かると思います。

〈年末調整で申請できる控除〉

- ほぼ誰でも受けられる控除　↓　基礎控除
- 収入が一定以下の配偶者がいる　↓　配偶者控除、配偶者特別控除
- 収入が一定以下の扶養親族がいる　↓　扶養控除
- 社会保険料を支払った　↓　社会保険料控除
- 個人型確定拠出年金（ｉＤｅＣｏ）などに加入している　↓　小規模企業共済等掛金控除
- 生命保険料を支払った　↓　生命保険料控除
- 地震保険料を支払った　↓　地震保険料控除
- 住宅ローンを組んでいる（２年目以降）　↓　住宅借入金等特別控除
- 本人や配偶者、扶養親族に障害がある　↓　障害者控除
- ひとり親である　↓　ひとり親控除
- 夫と離婚や死別をした後、再婚しておらず、ひとり親に該当しない　↓　寡婦（かふ）控除
- 給与収入が１３０万円以下の学生　↓　勤労学生控除

◇年末調整の手順

年末調整の手続きは、会社から受け取った3種類の書面に記入し、添付書類とともに提出するという流れで通常は行われます。

近年は立て続けに控除の計算が複雑化したことで、年末調整の書面は年々複雑になってきています。そこでここからは、各書面の書き方のポイントを説明したいと思います。

【給与所得者の扶養控除等(異動)申告書】

「給与所得者の扶養控除等(異動)申告書」は、扶養関係の情報を記載するもので、4つの欄が設けられています。

このうち「源泉控除対象配偶者」の欄には、配偶者の氏名や所得などを記入します。ここで記載する配偶者の所得は、収入ではないことに注意してください。**配偶者が給料を得ているのであれば、給与収入から給与所得控除等を引いた給与所得を記載します。**

次に記載するのが「控除対象扶養親族(16歳以上)」です。ここで間違えやすいのが、**扶**

養親族の判定は、その年の12月31日時点で行うという点です。年末調整の時点では15歳でも、12月31日に16歳になっているのであれば、この欄に記載します。迷ったときは、書面に記載されている「平○.1.1以前生」の記載にしたがって判断するといいでしょう。

3つ目は、「障害者、寡婦、ひとり親又は勤労学生」の欄です。本人や配偶者、扶養親族の中に該当する人がいる場合はチェックをつけます。なお、**ここでは16歳未満であっても扶養親族にカウントする**点に注意してください。

そして最後に、「16歳未満の扶養親族」の欄です。ここにも対象者の生年月日の案内があるので、これを使って誰の情報を書けばいいのかを判断できます。

【給与所得者の基礎控除申告書　兼　給与所得者の配偶者控除等申告書　兼　所得金額調整控除申告書】

2つ目の書類は名前が非常に長いのですが、2019年までは「給与所得者の配偶者控除等申告書」という名称でした。これが昨今の税制改正により控除が複雑化したことで、ひとつの書面で3種類の申告書を兼ねる形になっています。

給与所得者の扶養控除等（異動）申告書 図表2-3

等（異動）申告書

あなたの生年月日	明・大・昭 平・令 　年　月　日
世帯主の氏名	
あなたとの続柄	
配偶者の有無	有・無

従たる給与についての扶養控除等申告書の提出
（提出している場合には、○印を付けてください。）

扶

記載のしかたはこちら

◎この申告書は、あなたの給与について扶養控除、障害者控除などの控除を受けるために提出するものです。
◎この申告書は、源泉控除対象配偶者、障害者に該当する同一生計配偶者及び扶養親族に該当する人がいない人も提出する必要があります。
◎この申告書は、2か所以上から給与の支払を受けている場合には、そのうちの1か所にしか提出することができません。
◎**この申告書の記載に当たっては、裏面の「1　申告についてのご注意」等をお読みください。**

又は勤労学生のいずれにも該当しない場合には、以下の各欄に記入する必要はありません。

年中の見積額 / 生計を一にする事実	住所又は居所	異動月日及び事由（令和4年中に異動があった場合に記載してください（以下同じです。）。）
円		
円		
円		
円		
円		

の欄の記載に当たっては、裏面の「2　記載についてのご注意」の(8)をお読みください。）	異動月日及び事由

者（令和4年中の所得の見積額が900万円以下の人に限ります。）と生計を一にする配偶者（青色事業専従者として給与の
者を除きます。）で、令和4年中の所得の見積額が95万円以下の人をいいます。
生計を一にする配偶者（青色事業専従者として給与の支払を受ける人及び白色事業専従者を除きます。）で、令和4年中の
をいいます。

控除を受ける他の所得者 氏名	あなたとの続柄	住所又は居所	異動月日及び事由

る給与所得者の扶養親族申告書の記載欄を兼ねています。）

住所又は居所	控除対象外国外扶養親族	令和4年中の所得の見積額	異動月日及び事由
		円	
		円	
		円	

令和４年分　給与所得者の扶

所轄税務署長等	給与の支払者の名称（氏名）		（フリガナ） あなたの氏名	
税務署長	給与の支払者の法人(個人)番号	※この申告書の提出を受けた給与の支払者が記載してください。	あなたの個人番号	
市区町村長	給与の支払者の所在地(住所)		あなたの住所又は居所	（郵便

あなたに源泉控除対象配偶者、障害者に該当する同一生計配偶者及び扶養親族がなく、かつ、あなた自身が障害者

主たる給与から控除を受ける	区分等		（フリガナ） 氏名	個人番号 あなたとの続柄	生年月日	老人扶養親族（昭28.1.1以前生） 特定扶養親族（平12.1.2生～平16.1
	A 源泉控除対象配偶者（注1）				明・大 昭・平　・　・	
	B 控除対象扶養親族（16歳以上）（平19.1.1以前生）	1			明・大 昭・平　・　・	□ 同居老親等 □ その他 □ 特定扶養親
		2			明・大 昭・平　・　・	□ 同居老親等 □ その他 □ 特定扶養親
		3			明・大 昭・平　・　・	□ 同居老親等 □ その他 □ 特定扶養親
		4			明・大 昭・平　・　・	□ 同居老親等 □ その他 □ 特定扶養親

C 障害者、寡婦、ひとり親又は勤労学生

□ 障害者 区分＼該当者	本人	同一生計配偶者(注2)	扶養親族
一般の障害者			（　人）
特別障害者			（　人）
同居特別障害者			（　人）

□ 寡婦　□ ひとり親　□ 勤労学生

上の該当する項目及び欄にチェックを付け、（　）内には該当する扶養親族の人数を記入してください。

障害者又は勤

（注）1　源泉控除……支払を受け……
2　同一生計……所得の見積……

D 他の所得者が控除を受ける扶養親族等	氏名	あなたとの続柄	生年月日	住所又は
			明・大・昭 平・令　・　・	
			明・大・昭 平・令　・　・	

○住民税に関する事項（この欄は、地方税法第45条の３の２及び第317条の３の２に基づき、給与の支払者を経由して市

16歳未満の扶養親族（平19.1.2以後生）		（フリガナ） 氏名	個人番号	あなたとの続柄	生年
	1				平・令
	2				平・令
	3				平・令

配偶者控除等申告書 兼 所得金額調整控除申告書 

配偶者控除等申告書 兼 所得金額調整控除申告書

記載のしかたはこちら

（基・配・所）

◎この申告書の記載に当たっては、裏面の説明をお読みください。

等申告書 ◆

については、「基礎控除申告書」の「区分Ⅰ」欄を参照してください。

A)～(C)に該当しない場合や「配偶者控除等申告書」の「区分Ⅱ」欄が①～④に該当しない場合は、配偶者控除及び
できません。

配偶者の個人番号	配偶者の生年月日	
	明・大 昭・平 年 月 日	
あなたと配偶者の住所又は居所が異なる場合の配偶者の住所又は居所	非居住者である配偶者	生計を一にする事実

額の見積額の計算

金額	所得金額
円	(裏面「4(1)」を参照) 円
	(裏面「4(2)」を参照) 円
積額	＊ 円

判定			
	□ 48万円以下かつ年齢70歳以上 (昭28.1.1以前生) 《老人控除対象配偶者に該当》	(①)	配偶者控除
	□ 48万円以下かつ年齢70歳未満	(②)	配偶者控除
	□ 48万円超95万円以下	(③)	配偶者特別控除
	□ 95万円超133万円以下	(④)	配偶者特別控除
区分Ⅱ	(上の①～④を記載)		

区分Ⅱ

上記「配偶者の本年中の合計所得金額の見積額((1)と(2)の合計額)」(＊印の金額))

万円超 万円以下	100万円超 105万円以下	105万円超 110万円以下	110万円超 115万円以下	115万円超 120万円以下	120万円超 125万円以下	125万円超 130万円以下	130万円超 133万円以下
万円	31万円	26万円	21万円	16万円	11万円	6万円	3万円
万円	21万円	18万円	14万円	11万円	8万円	4万円	2万円
万円	11万円	9万円	7万円	6万円	4万円	2万円	1万円

配偶者特別控除

配偶者控除の額
円
配偶者特別控除の額
円

※ 左の「控除額の計算」の表を参考に記載してください。

ありません。

養親族等」欄及び「★特別障害者」欄にその該当する者について記載してください(該当者が複数人いる場合は、いず

はありません。

者の個人番号	左記の者の生年月日	
	明・大・昭 平・令 年 月 日	
記の者の住所又は居所が の左記の者の住所又は居所	左記の者のあなたとの続柄	左記の者の合計所得金額(見積額)
		円

★特別障害者	特別障害者に該当する事実
	(裏面「3－2(4)」を参照) □扶養控除等申告書のとおり

年中の合計所得金額の見積額が48万円以下(給与所得だけの場合は、給与の収入金額が103万円以下)の人をいいます。

給与所得者の基礎控除申告書 兼 給与所得者の

令和４年分　給与所得者の基礎控除申告書 兼 給与所

所轄税務署長	給与の支払者の名称（氏名）		（フリガナ）あなたの氏名
	給与の支払者の法人番号	※この申告書の提出を受けた給与の支払者（個人を除きます。）が記載してください。	
税務署長	給与の支払者の所在地（住所）		あなたの住所又は居所

～記載に当たってのご注意～

◎ 「基礎控除申告書」と「配偶者控除等申告書」については、次の場合に応じて記載してください。
1　あなたの本年中の合計所得金額の見積額が1,000万円以下で、かつ、配偶者の本年中の合計所得金額の見積額が133万円以下である場合は、「基礎控除申告書」、「配偶者控除等申告書」の順に記載してください。
2　上記１以外で、かつ、あなたの本年中の合計所得金額の見積額が2,500万円以下である場合は、「基礎控除申告書」のみ記載してください（「配偶者控除等申告書」を記載する必要はありません。）。

◎ 「所得金額調整控除申告書」については、年末調整において所得金額調整控除の適用を受けようとする場合に記載してください。なお、あなたの本年中の年末調整の対象となる給与の収入金額が850万円以下である場合又は「所得金額調整控除申告書」の「要件」欄の各項目のいずれにも該当しない場合には、所得金額調整控除の適用を受けることはできません。

◆ 給与所得者の基礎控除申告書 ◆

○ あなたの本年中の合計所得金額の見積額の計算

所得の種類		収入金額	所得金額
(1)	給与所得	円	（裏面「4(1)」を参照）円
(2)	給与所得以外の所得の合計額		（裏面「4(2)」を参照）円
あなたの本年中の合計所得金額の見積額（(1)と(2)の合計額）			円

○ 控除額の計算

判定			
□	900万円以下	(A)	48万円
□	900万円超　950万円以下	(B)	48万円
□	950万円超　1,000万円以下	(C)	48万円
□	1,000万円超　2,400万円以下		48万円
□	2,400万円超　2,450万円以下		32万円
□	2,450万円超　2,500万円以下		16万円

区分Ⅰ
（左のA～Cを記載）

基礎控除の額
円

※ 左の「控除額の計算」の表を参考に記載してください。

◆ 給与所得者の配

○ 「控除額の計算」の
○ 「基礎控除申告書」
配偶者特別控除の適

（フリ
配偶者

○ 配偶者の本年中

所得の種類	
(1)	給与所得
(2)	給与所得以外の所得の合計額
配偶者の本年中の（(1)と(2)の合計額）	

○ 控除額の計算

		①	②
区分Ⅰ	A	48万円	38
	B	32万円	26
	C	16万円	13
摘要	配偶者控		

◆ 所得金額調整控除申告書 ◆ あなたの本年中の年末調整の対象となる給与の収入金額が850万円以下の場合は

○ 年末調整において所得金額調整控除の適用を受けようとする場合は、「要件」欄の該当する項目にチェックを付け、その項
れか1名を記載することで差し支えありません。）。

なお、「要件」欄の2以上の項目に該当する場合は、いずれか1つの要件について、チェックを付け記載をすることで差し支
○ 年末調整における所得金額調整控除の額については給与の支払者が計算しますので、この申告書に所得金額調整控除

要件	
□あなた自身が特別障害者	（右の★欄のみを記載）
□同一生計配偶者(注)が特別障害者	（右の☆欄及び★欄を記載）
□扶養親族が特別障害者	（右の☆欄及び★欄を記載）
□扶養親族が年齢23歳未満（平12.1.2以後生）	（右の☆欄のみを記載）

☆扶養親族等	（フリガナ）同一生計配偶者又は扶養親族の氏名

（注）「同一生計配偶者」とは、あなたと生計を一にする配偶者（青色事業専従者として給与の支払を受ける人及び白色事業専従者を

左上の「基礎控除申告書」には、1月1日から12月31日までの自分の収入と所得金額を書きます。年末調整をする時点では、12月31日までの収入は確定していませんので、ここは見積額の記載で構いません。

次に、右上の「配偶者控除等申告書」に移ります。ここには配偶者の生年月日や収入などの情報を書きます。やはり12月31日までの年収を見積もり、これを所得に換算した数字を書き込みます。

あとは、矢印の順にチェックし、控除額の計算を行います。区分Ⅱが①と②であれば配偶者控除、③、④であれば配偶者特別控除の欄に、控除額を記載して完了です。

最後は、書面の下部にある「所得金額調整控除申告書」に記入します。ここは給与年収850万円以下の場合は記入不要です。この金額を超える場合は、障害の有無や扶養親族の情報などを記載します。

【給与所得者の保険料控除申告書】

年末調整のときに提出する3つ目の書面が「保険料控除申告書」です。こちらは保険に関する情報を書くものですが、保険のタイプごとに記載欄が分かれています。

生命保険料控除の欄には「一般の生命保険料」「介護医療保険料」「個人年金保険料」の3つの区分があり、それぞれについて控除額の計算を行う必要があります。自分の払った保険料がどのカテゴリーに当てはまるのかは、保険会社から送られてくる保険料控除証明書を確認します。

次は地震保険料控除の欄です。こちらも生命保険と同じように、保険会社から送られてくる証明書を見ながら書いていきましょう。この控除は上限5万円なので、それを超える場合は5万円と記入します。

社会保険料控除は、健康保険や年金の保険料などを記載します。会社の給料から天引きされている社会保険料については記入不要ですが、他に扶養家族などの社会保険料を払っていればこの欄に書いてください。

そして最後に小規模企業共済等掛金控除を記載します。ここは該当するものがあれば、掛金の額を集計します。たとえば個人型確定拠出年金(iDeCo)に入っている人は、ここに掛金の金額を記入しましょう。ただし、給与から掛金が天引きされている場合は、記入する必要はありません。

給与所得者の保険料控除申告書 図表2-5

の保険料控除申告書

記載のしかたはこちら

(保)

◎この申告書の記載に当たっては、裏面の説明をお読みください。

地震保険料控除

保険会社等の名称	保険等の種類(目的)	保険期間	保険等の契約者の氏名 / 保険等の対象となった家屋等に居住又は家財を利用している者等の氏名	あなたとの続柄	地震保険料又は旧長期損害保険料区分	あなたが本年中に支払った保険料等のうち、左欄の区分に係る金額(分配を受けた剰余金等の控除後の金額) Ⓐ	給与の支払者の確認
					地震・旧長期	円	
					地震・旧長期		

Ⓐのうち地震保険料の金額の合計額	Ⓑ 円
Ⓐのうち旧長期損害保険料の金額の合計額	Ⓒ 円

地震保険料控除額 (Ⓑの金額 (最高50,000円) 円) + (Ⓒの金額(Ⓒの金額が10,000円を超える場合は、Ⓒ × 1/2+5,000 円)※ (最高15,000円) 円) = (最高50,000円) 円

社会保険料控除

社会保険の種類	保険料支払先の名称	保険料を負担することになっている人 氏名	あなたとの続柄	あなたが本年中に支払った保険料の金額
				円
合計(控除額)				円

小規模企業共済等掛金控除

種類	あなたが本年中に支払った掛金の金額
独立行政法人中小企業基盤整備機構の共済契約の掛金	円
確定拠出年金法に規定する企業型年金加入者掛金	
確定拠出年金法に規定する個人型年金加入者掛金	
心身障害者扶養共済制度に関する契約の掛金	
合計(控除額)	円

令和4年分　給与所

所轄税務署長	給与の支払者の名称（氏名）	
	給与の支払者の法人番号	※この申告書の提出を受けた給与の支払者（個人を除きます。）が記載してください。
税務署長	給与の支払者の所在地（住所）	

生命保険料控除

	保険会社等の名称	保険等の種類	保険期間又は年金支払期間	保険等の契約者の氏名	保険金等の受取人 氏名	あなたとの続柄	新・旧の区分	あなたが保険料等た剰余金
一般の生命保険料							新・旧	(a)
							新・旧	(a)
							新・旧	(a)
							新・旧	(a)
	(a)のうち新保険料等の金額の合計額	A 円	Aの金額を下の計算式Ⅰ（新保険料等用）に当てはめて計算した金額		①（最高40,000円）円		計（①＋②	
	(a)のうち旧保険料等の金額の合計額	B 円	Bの金額を下の計算式Ⅱ（旧保険料等用）に当てはめて計算した金額		②（最高50,000円）円		②と③のいず か大きい金	
介護医療保険料								(a)
								(a)
								(a)
	(a)の金額の合計額	C 円				Cの金額を下の計算式Ⅰ（新保料等用）に当てはめて計算した金		
個人年金保険料					支払開始日　・　・		新・旧	(a)
					支払開始日　・　・		新・旧	(a)
					支払開始日　・　・		新・旧	(a)
	(a)のうち新保険料等の金額の合計額	D 円	Dの金額を下の計算式Ⅰ（新保険料等用）に当てはめて計算した金額		④（最高40,000円）円		計（④＋⑤	
	(a)のうち旧保険料等の金額の合計額	E 円	Eの金額を下の計算式Ⅱ（旧保険料等用）に当てはめて計算した金額		⑤（最高50,000円）円		⑤と⑥のいず か大きい金	

計算式Ⅰ（新保険料等用）※		計算式Ⅱ（旧保険料等用）※	
A、C又はDの金額	控除額の計算式	B又はEの金額	控除額の計算式
20,000円以下	A、C又はDの全額	25,000円以下	B又はEの全額
20,001円から40,000円まで	(A、C又はD)×1/2＋10,000円	25,001円から50,000円まで	(B又はE)×1/2＋12,500円
40,001円から80,000円まで	(A、C又はD)×1/4＋20,000円	50,001円から100,000円まで	(B又はE)×1/4＋25,000円
80,001円以上	一律に40,000円	100,001円以上	一律に50,000円

※　控除額の計算において算出した金額に1円未満の端数があるときは、その端数を切り上げます。

確定申告でさらなる節税を

年末調整をすれば、サラリーマンの所得税の手続きはほぼ終わりです。ただし、中には年末調整では行えない手続きがあります。その場合、確定申告が必要です。

◆確定申告をしたほうがいいケース

確定申告については、「義務はないものの、したほうがいいケース」と、「義務があるケース」の2パターンが存在します。

まずは前者について説明します。こちらは、年の途中で退職して年末調整できなかったり、年末調整の後に扶養家族が増えたりして、還付金が出る人が該当します。

また、「年末調整で手続きできないタイプの控除」を受ける場合も、確定申告をすることで還付金をもらえますので、確定申告をしたほうがいいです。

〈年末調整で手続きできない控除の例〉

- 医療費控除
- 雑損控除
- 寄附金控除
- 配当控除
- 住宅借入金等特別控除（1年目）

これらの控除を使えるタイミングが来たら、「年末調整ではなく確定申告で手続きをする」と覚えておいてください。

確定申告の期限は、原則として所得が発生した翌年の3月15日ですが、還付申告の場合はこれにとらわれる必要はありません。**たとえば2022年分の医療費控除を申告したければ、2023年1月1日から5年間は手続きをすることが可能です。**

ちなみに、このような**還付申告を行うと、その結果が地方自治体に知らされ、住民税の節税にもつながります。**住民税の場合は基本的に還付金が出るのではなく、給与天引きされる住民税が少なくなる形です。

◆確定申告すべきケース

先ほど説明をしたのが、「確定申告をしたほうがいいケース」です。これは還付金がもらえる話なので、確定申告をするのも、しないのも自由です。そのため、「少ない還付金のために確定申告をするのは面倒」と思うのであれば、確定申告を行わなくとも構いません。

でも、逆に**納税額が増える場合は、確定申告をすべきです。申告の義務があるにもかかわらず手続きを怠ると、後から追徴税（ついちょうぜい）がかかります。**

確定申告をすべきかを判断するには、実際に所得税の計算を行う必要があります。

たとえば副業をしている人の場合、まずは「給与所得や退職所得以外の所得金額の合計額が20万円を超えていないか」という点をチェックしてください。要は、副業をしたり、投資をしたりして、**給与所得以外に年間20万円を超える所得があったら、所得税の計算が必要になる**ということです。

実際は、他にもサラリーマンが確定申告をすべきケースはあるのですが、給与収入が2000万円を超えた場合などレアケースばかりです。ですから、ひとまずは「給料以外に20万円超を稼いだら確定申告」と理解しておきましょう。

気をつけたいのは、**納税額がある場合の申告期限は、還付申告の期限よりも短い**という点です。たとえば2022年分の所得税を計算した結果、納税額があるなら、2023年3月15日が期限となります。この期限は申告だけでなく納税の期限でもあります。**もし期限に遅れた場合、加算税や延滞税がかかる**ので、必ず間に合わせるようにしましょう。

◆確定申告が必要か確認するには

サラリーマンでも確定申告をする可能性があることはご理解いただけたでしょうか。基本的には、年末調整後の所得税と比べて、「還付金が出たら確定申告をしたほうがいい」「納税額が出たら確定申告をすべき」という2つのルールを理解しておきましょう。

ただ、この判断をするときに、「そもそも還付金が出るか、納税額が出るか分からない」という疑問が出てくると思います。


そこでお勧めしたいのが、国税庁ホームページで公開されている「確定申告書等作成コーナー」というシステムです。確定申告書等作成コーナーで必要情報を入力していくと、所得税の納税額や還付金がいくらかを確認することができ、申告書のプリントアウトや電子申告も行うことができます。

一般的なサラリーマンであれば、年末調整後に勤務先からもらえる源泉徴収票の情報を入力して、あとは年末調整できなかった控除などを追加入力するだけです。

こうして入力が終わると、「3万円も還付金がもらえるなら、確定申告をしてみよう」「100円しか還付金が出ないなら、今回の確定申告はパス」「副業で納税額が出たから、確定申告をしないと」といった判断ができます。

図表2-6 国税庁ホームページにある「確定申告書等作成コーナー」の画面

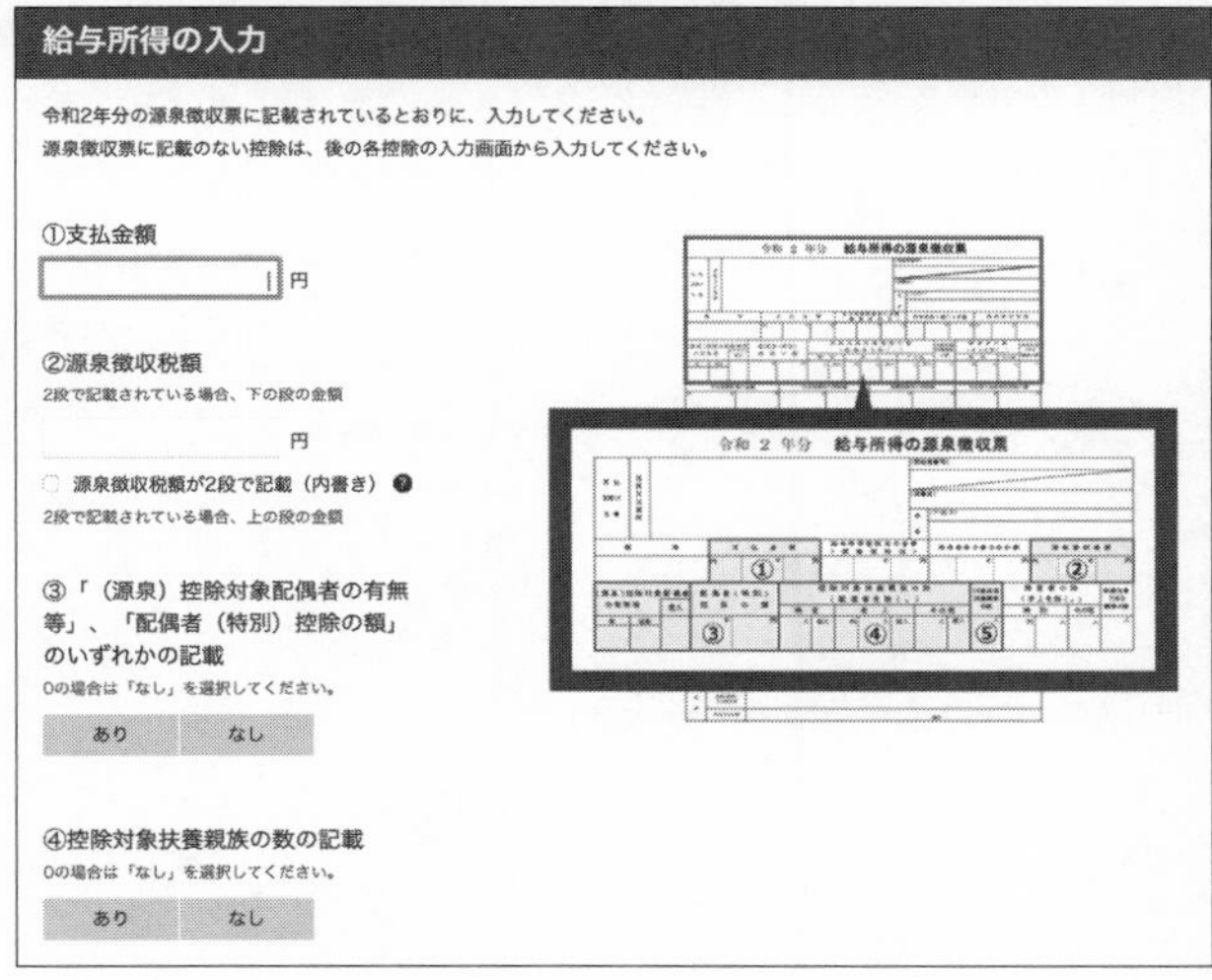

給与所得の入力
令和2年分の源泉徴収票に記載されているとおりに、入力してください。
源泉徴収票に記載のない控除は、後の各控除の入力画面から入力してください。
①支払金額
円
②源泉徴収税額
2段で記載されている場合、下の段の金額
円
源泉徴収税額が2段で記載（内書き）
2段で記載されている場合、上の段の金額
③「（源泉）控除対象配偶者の有無等」、「配偶者（特別）控除の額」のいずれかの記載
0の場合は「なし」を選択してください。
あり
なし
④控除対象扶養親族の数の記載
0の場合は「なし」を選択してください。
あり
なし
令和 2 年分 給与所得の源泉徴収票
①
②
③
④
⑤

第3章

今すぐできる、控除を使った節税方法

人に着目した控除

節税の基本は控除を増やすことです。この章では、多くの人が利用できる控除を取り上げます。

最初に説明するのは、「人」に関する条件がメインとなるタイプの控除です。このカテゴリーの控除の多くは、本人や扶養家族の所得金額が基準となっています。収入が増えすぎると使えなくなる控除があるので、自分や家族の働き方を考えるときに注意する必要があります。

◆基礎控除

数ある所得控除のうち、もっとも条件が少ないのが基礎控除です。

図表3-1　所得税の基礎控除

納税者本人の合計所得金額	控除額
2,400万円以下	48万円
2,400万円超 2,450万円以下	32万円
2,450万円超 2,500万円以下	16万円
2,500万円超	0円

以前の基礎控除は「誰でも、いつでも使える」というものだったため、とくにしくみを理解する必要はありませんでした。ところが、税制改正を受けて、２０２０年分以降は、基礎控除が所得金額に応じて減るしくみが導入されています。

所得税の基礎控除は基本的に48万円に設定されていますが、本人の合計所得金額が２４００万円を超えると控除額が減り始め、２５００万円を超えた段階で控除額はゼロになります。ちなみに合計所得金額とは、給与所得や事業所得などの各種所得を合計したものです。

基礎控除が減り始める所得２４００万円を給与収入に換算すると２５９５万円ですから（給与所得控除１９５万円）、大半のサラリーマンは問題なく基礎控除を使えると思います。

図表3-2 住民税の基礎控除

納税者本人の合計所得金額	控除額
2,400万円以下	43万円
2,400万円超 2,450万円以下	29万円
2,450万円超 2,500万円以下	15万円
2,500万円超	0円

住民税の基礎控除は、所得税の基礎控除よりも低く設定されています。基本は43万円で、本人の合計所得金額が２４００万円を超えると29万円、15万円、０円と段階的に控除額が減っていきます。

基礎控除を理解する必要があるのは、所得税や住民税がかからない範囲で働きたいという人です。たとえば夫がサラリーマンで、専業主婦の妻がパートを始めようとするとき、基礎控除額がひとつの目安になります。

給料を得たときは、給与収入から給与所得控除を差し引くことができます。給与所得控除の最低額が55万円ですから、所得税の基礎控除の48万円と合わせると、１０３万円となります。つまり、**給料が年間１０３万円を超えない限りは、所得税は一切かからない**ということです。このことから「１０３万円の壁」と言われることがあります。

このときに気をつけたいのは、所得税と住民税の基礎控除額が違うという点です。住民税の基礎控除額は43万円が基本ですから、給与所得控除の最低額である55万円と合計すると98万円になります。ということは、**年収が98万円を超えると住民税がかかるおそれがある**ということです。

ただし、**住民税の非課税のボーダーラインはお住まいの地方自治体によって異なる**ので、気になる人は市役所などに問い合わせて確認してください。

◇配偶者控除

結婚をしてパートナーを扶養に入れると、配偶者控除もしくは配偶者特別控除を使える可能性があります。

この2つの所得控除も、所得金額が影響するタイプの控除です。基礎控除と違うのは、**本人だけでなく配偶者の所得も条件になる点**です。

配偶者控除と配偶者特別控除の理解が難しいのは、本人と配偶者という2人の登場人物

図表3-3 配偶者控除

納税者本人の合計所得金額	控除額	
	一般の控除対象配偶者	老人控除対象配偶者
900万円以下	38万円	48万円
900万円超　950万円以下	26万円	32万円
950万円超 1,000万円以下	13万円	16万円

注：老人控除対象配偶者とは、控除対象配偶者のうち、その年の12月31日現在の年齢が70歳以上の人

がいるため、どちらの説明なのかを混乱してしまう点にあります。そこでここでは、サラリーマンの夫と専業主婦の妻という設定で説明を進めていきます。妻が夫を扶養するケースもあると思いますので、その場合は説明の主語を読み替えてください。

まず配偶者控除について説明します。

配偶者控除は、夫の合計所得金額が1000万円以下、妻の合計所得金額が48万円以下の場合に使えます。夫の合計所得金額が900万円を超えると、段階的に配偶者控除の額が減り、1000万円超でゼロになる形です。

なお、扶養されている配偶者がその年の12月31日時点で70歳以上であれば、**老人控除対象配偶者**という扱いになり控除額が加算されます。

先ほど基礎控除のところで「103万円の壁」という言葉を説明しましたが、この言葉が配偶者控除に関連して使われることがあります。

たとえば妻がパートを始めて、給与収入が103万円を超えたとしましょう。すると、給与所得控除55万円を引いても48万円を超えてしまい、配偶者控除の対象から外れてしまいます。

そのため、「配偶者が年収103万円を超えると配偶者控除が使えない」→「103万円の壁」と言われているのです。

◆配偶者特別控除

妻の合計所得金額が48万円を超えると配偶者控除が使えなくなりますが、すぐに夫の税金に影響が出るわけではありません。配偶者控除の代わりに、配偶者特別控除が適用されるからです。

配偶者特別控除は、配偶者の合計所得金額に応じて控除額が減っていくしくみになって

図表3-4 **配偶者特別控除**

配偶者の合計所得金額	納税者本人の合計所得金額 900万円以下	納税者本人の合計所得金額 900万円超950万円以下	納税者本人の合計所得金額 950万円超1,000万円以下
48万円超 95万円以下	38万円	26万円	13万円
95万円超100万円以下	36万円	24万円	12万円
100万円超105万円以下	31万円	21万円	11万円
105万円超110万円以下	26万円	18万円	9万円
110万円超115万円以下	21万円	14万円	7万円
115万円超120万円以下	16万円	11万円	6万円
120万円超125万円以下	11万円	8万円	4万円
125万円超130万円以下	6万円	4万円	2万円
130万円超133万円以下	3万円	2万円	1万円

います。

ここでまず押さえておきたいのが、**本人の合計所得が９００万円以下で、配偶者の合計所得が95万円以下であれば、配偶者控除と配偶者特別控除の節税効果に違いはないという点です**(いずれも控除額は38万円で同じ)。

つまり、実際に控除額が減り始めるのは、妻の合計所得が95万円(給与収入に換算すると１５０万円)を超えてからなのです。この収入を超えると、控除額が減り、夫の税金が増えていきます。夫の税金への影響が出ないようにする意味では、**「103万円の壁」ではなく、「150万円の壁」のほうが実情と合っています。**

配偶者控除や配偶者特別控除に関する申告誤りはよく起きており、税務署もチェックしています。**年末調整や確定申告のときに配偶者の収入金額を低く見積もった結果、本来は使えない控除を申請してしまうことが起きがち**なのです。

夫婦とはいえ、お互いの収入を正確に把握している人は少数派かもしれません。しかし、少なくとも配偶者控除や配偶者特別控除の判定に必要な情報は共有しておく必要があります。もし誤った形で配偶者控除や配偶者特別控除を利用していたら、税務署に後から指摘されます。場合によっては追徴税がかかる可能性があるので注意してください。

◆扶養控除

配偶者以外の親族を扶養に入れているのであれば、扶養控除を使える可能性があります。

扶養控除についてよくある勘違いが、「子どもが生まれると扶養控除が使える」というものです。しかし、実は**16歳未満の子は扶養控除の対象になっていません。**扶養控除を使う

図表3-5 扶養控除

区分		控除額
一般の控除対象扶養親族		38万円
特定扶養親族		63万円
老人扶養親族	同居老親等以外の者	48万円
	同居老親等	58万円

注：同居老親等の「同居」については、病気治療のため入院していることにより納税者等と別居している場合は、その期間が結果として1年以上といった長期にわたるような場合であっても、同居に該当するものとして取り扱って差し支えありません。ただし、老人ホーム等へ入所している場合には、その老人ホームが居所となり、同居しているとはいえません。
出所：国税庁ホームページ
https://www.nta.go.jp/taxes/shiraberu/taxanswer/shotoku/1180.htm

には、以下のすべての条件を満たす必要があります。

1 配偶者以外の親族（6親等内の血族及び3親等内の姻族）又は都道府県知事から養育を委託された児童（いわゆる里子）や市町村長から養護を委託された老人であること

2 納税者と生計を一にしていること

3 年間の合計所得金額が48万円（給与収入に換算すると103万円）以下であること

4 青色事業専従者・白色事業専従者でないこと

5 その年の12月31日現在の年齢が16歳以上であること

扶養控除の控除額にはいくつかのパターンがありますが、基本的に38万円です。あとは、扶養されている人の年齢や、同居しているかによって控除額が増えます。

その年の12月31日現在の年齢が19歳以上23歳未満なら「特定扶養親族」、70歳以上なら「老人扶養親族」という扱いです。

お子さんのいる方は、その子が16歳以上になったら扶養控除の申請を忘れないようにしましょう。というのも、このタイミングで児童手当の支給がなくなるからです。

児童手当は、中学校卒業まで（15歳の誕生日後の最初の3月31日まで）の児童を養育している人を対象に支給されるものです。その子が中学を卒業すると児童手当はゼロになってしまいますから、収入減少を補うためにも扶養控除をきちんと申請しておく必要があります。

年末調整や確定申告の書式の中で、16歳以上の子と16歳未満の子を書く欄は異なるので、間違えないようにしてください。

◇ひとり親控除・寡婦控除

シングルファザーやシングルマザーを対象にした所得控除が、「ひとり親控除」です。ひとり親控除の控除額は一律35万円に設定されています。

2020年にひとり親控除が新設される前は、未婚のシングルファザーやシングルマザーが対象になる控除がなく、子どもの貧困問題につながると問題視されていました。そこでひとり親控除ができ、たとえ民法上の婚姻の事実がなくとも、子育てをしていれば控除を受けられるようになったというわけです。

また、このひとり親控除とは別に、夫と離婚や死別をして再婚をしていない女性に対して「寡婦控除」として27万円の控除が用意されています。

ひとり親控除と、寡婦控除は、いずれか一方しか使えません。人によってはどちらの控除も条件を満たす場合がありますが、この場合は控除額の多いひとり親控除が優先されます。

このように２つの控除は複雑なので、次のように判断するといいでしょう。

- 子を扶養しているシングルファザーまたはシングルマザー　↓　ひとり親控除
- 夫と死別した　↓　寡婦控除
- 夫と離婚し、両親やきょうだいなど子以外の親族を扶養している　↓　寡婦控除

ひとり親控除と寡婦控除にも所得金額の制限があります。ひとり親控除の場合、親の合計所得金額が５００万円以下、子の総所得金額が48万円以下である必要があります。一方、寡婦控除も本人の合計所得金額が５００万円以下である必要がありますが、扶養親族の所得に関する条件はありません。

◆障害者控除

自分自身や、同一生計の配偶者・扶養親族に障害がある場合、障害者控除を利用できます。

障害者控除は、収入に関する条件はなく、障害の程度や同居の有無に応じて控除額が決

まるしくみになっています。

障害者と特別障害者の判定は、公的な障害者認定に基づき行われます。たとえば**身体障害者手帳に身体上の障害がある人と記載されていれば、障害者控除を受けられます。そのうえで、障害の程度が1級または2級と記載されていれば、特別障害者になるといった形です。**

このような判定は国税庁のサイトにある障害者控除の説明ページで確認できますが、不明点があれば障害者手帳などを持参して税務署で相談したほうがいいでしょう。

図表3-6 障害者控除

区　分	控除額
障害者	27万円
特別障害者	40万円
同居特別障害者	75万円

保険料に応じて増える控除

保険料を支払うことで利用できるタイプの控除は、保険の種類によって使える控除が変わります。社会保険、生命保険、地震保険に分け、１年分の保険料を集計して控除額を計算します。

◆社会保険料控除

給与明細を見ると分かるように、健康保険料や年金保険料をはじめとする社会保険料が多く引かれています。これらの保険料に応じて利用できるのが社会保険料控除です。社会保険料控除の対象となる主なものは、次のとおりです。

- 健康保険料
- 国民年金・厚生年金保険料
- 介護保険料
- 雇用保険料
- 国民年金基金の掛金

社会保険料控除は、支払った保険料の全額が所得控除になります。たとえば年間に50万円の社会保険料を負担したら、課税所得から50万円を差し引けるということです。

この後に説明する**生命保険料控除や地震保険料控除にも共通することですが、「自分の保険料」だけでなく、「生計を一にする家族の保険料」も、控除額の計算に含められます。**このルールを使うと節税効果を高めることができます。

たとえば、夫がサラリーマンで、妻がフリーランスという場合、妻の収入によっては、妻名義で国民健康保険料や国民年金保険料を納める必要が出てきます。こうした社会保険料を夫が負担しているのであれば、妻名義の社会保険料を、夫の社会保険料控除に加えられるというわけです。両親や子の社会保険料を肩代わりしている場合も同様です。

年末調整や確定申告の際には、自分だけでなく家族の保険料も確認し、申請できるものは漏らさず申請するようにしましょう。

◆生命保険料控除

生命保険料も所得控除の対象ですが、社会保険料のように保険料の全額が控除になるわけではありません。**生命保険料控除には上限があるうえ、保険契約のタイミングや保険の内容によって計算方法が変わる**ので、やや複雑です。

2011年12月31日以前に締結した保険契約は、「旧契約」という扱いになります。そして、旧契約の保険のうち「生命保険」と「個人年金」に該当する保険料を支払っていれば、それぞれ控除額を計算します。旧契約の生命保険と個人年金の両方に、それぞれ年間10万円以上の保険料を支払っていたなら、生命保険料控除の額は上限である10万円になります。

次に「新契約」の計算について説明します。**2012年1月1日以後に契約した保険は**

図表3-7 生命保険料控除

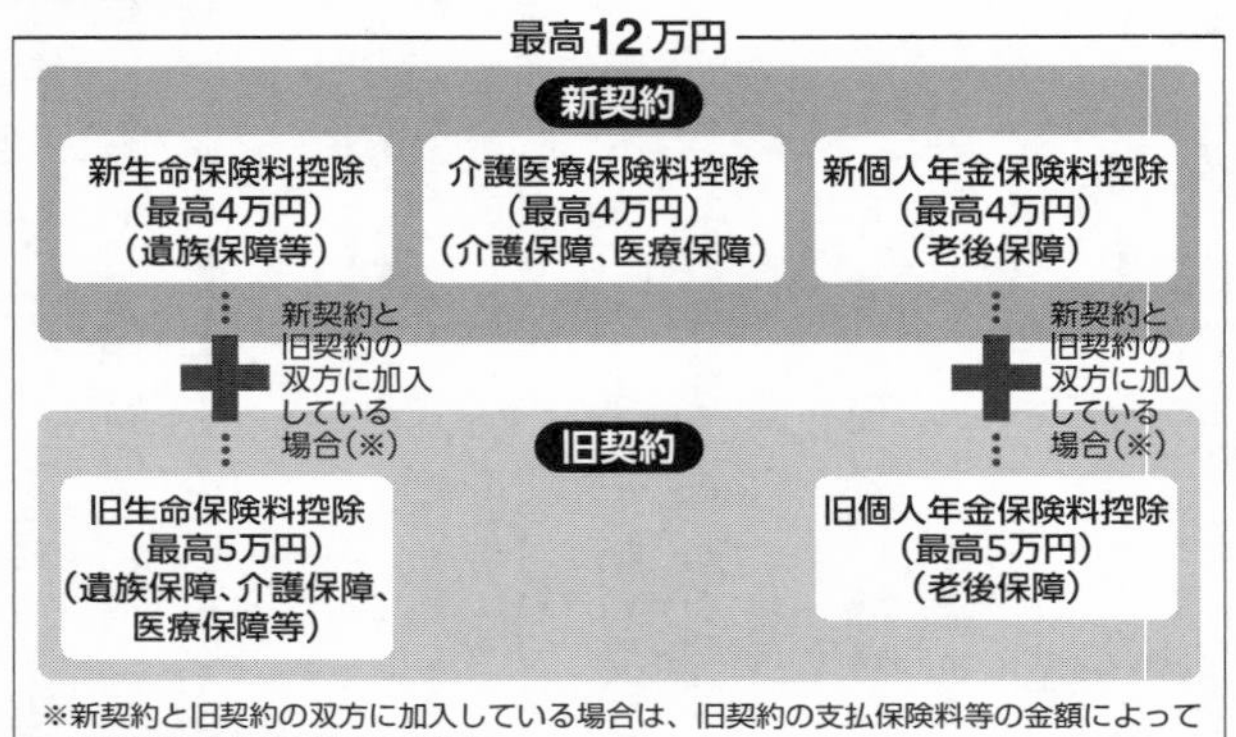

※新契約と旧契約の双方に加入している場合は、旧契約の支払保険料等の金額によって控除額の計算方法が変わります。

●旧契約の保険料が6万円超の場合：旧契約の支払保険料等の金額に基づいて計算した控除額（最高5万円）

●旧契約の保険料が6万円以下の場合：新契約の支払保険料等の金額に基づいて計算した控除額と旧契約の支払保険料等の金額に基づいて計算した控除額の合計（最高4万円）

出所：国税庁ホームページ
https://www.nta.go.jp/taxes/shiraberu/taxanswer/shotoku/1140.htm

新契約という扱いで、こちらは「生命保険」「個人年金」「介護医療保険」の3タイプがあり、それぞれ上限が4万円に設定されています。

これら3つのタイプの保険に契約することで、最大12万円の所得控除を使えます。上限いっぱいにするには、3タイプの保険料をそれぞれ年間8万円以上支払う必要があります。

保険商品は複雑で、ひとつの保険商品が複数のタイプを兼ねているケースもあるため、自分だけで生命保険、個人年金、介護医療保険のどのタイプなのかを確認するのは困難です。

ですから、**生命保険に入るかどうかを検討するときは、保険会社に質問し、生命保険料控除をあらかじめシミュレーションしておく**といいと思います。また、11月頃に保険会社等から送付される控除証明書を見れば、自分が支払った保険料とともに、どのタイプの保険なのかを確認できます。

◆地震保険料控除

持ち家や家財の地震保険に加入すると、その保険料の一部が所得控除になります。これが地震保険料控除です。

地震保険料控除は、２００６年まであった「損害保険料控除」に代わる形で創設されました。それまでは地震保険料だけでなく、火災保険料も控除の対象となっていたのですが、今は火災保険に入っても控除額は増えません。

例外的に、２００６年12月31日までに契約した長期損害保険については控除が認められているのですが、そのような古い契約が今も残っていることはほぼないでしょう。したがって、地震保険料控除を計算するときは、次のとおり理解しておけば十分です。

1　年間の地震保険料が５万円以下なら、支払額＝控除額
2　年間の地震保険料が５万円超なら、一律５万円

地震保険と生命保険のどちらにも言えることですが、保険はあくまでも生活に必要な保障を目的に契約すべきものです。したがって、**節税効果があるからといって無理に保険料を増やす必要はありません**。まずは必要な保険を考え、次に保険料に応じて控除を使うのが正しい順序です。

投資をすると使える控除

日本政府は国民の投資を後押しするために、さまざまな税制優遇措置を打ち出しています。ここから説明する**個人型確定拠出年金（ｉＤｅＣｏ）と、企業型確定拠出年金（企業型ＤＣ）は、いずれも投資額が「小規模企業共済等掛金控除」になります。**うまく活用すれば、投資をしながら節税をして、さらに将来は運用益を非課税で得られる可能性があるので、ぜひ利用を検討したいところです。

◆個人型確定拠出年金（ｉＤｅＣｏ）

ｉＤｅＣｏは、個人でお金を出して作る年金、いわゆる「じぶん年金」です。ｉＤｅＣｏに加入すると、毎月一定のお金を掛金として支払い、これを運用した金額を老齢給付金として原則60歳以降に受け取ることができます。

図表3-8 個人型確定拠出年金（iDeCo）の掛金には限度額がある

加入資格		掛　金
自営業者など（第1号被保険者・任意加入被保険者）		月額6.8万円（年額81.6万円）（国民年金基金または国民年金付加保険料との合算枠）
会社員・公務員など（第2号被保険者）	会社に企業年金がない会社員	月額2.3万円（年額27.6万円）
	企業型確定拠出年金（企業型DC）のみに加入している会社員	月額2.0万円（年額24.0万円）
	確定給付企業年金（DB）と企業型DCに加入している会社員	月額1.2万円（年額14.4万円）
	DBのみに加入している会社員	
	公務員	
専業主婦（夫）（第3号被保険者）		月額2.3万円（年額27.6万円）

iDeCoの掛金は全額が所得控除になるので、たとえば年間50万円をiDeCoの掛金として出した場合、その人の所得から50万円を控除として差し引くことができます。ということは、課税所得を50万円分減らせ、所得税や住民税を節税できるということです。

しかも、医療費のように払ったらなくなるお金ではなく、いずれ老齢給付金になって戻ってくるわけですから、利用しない手はありません。

ただし、ｉＤｅＣｏの掛金には、図表３－８のとおり、上限がある点に注意が必要です。いくら節税に有利であっても、この**上限以上に掛金を払うことはできません**。

おそらく、「投資は怖い」と思っている人もいるでしょう。その場合もｉＤｅＣｏは検討する価値があります。

ｉＤｅＣｏの運用方法には「元本確保型（定期預金）」「元本確保型（保険）」「価格変動型（投資信託）」といったタイプの違う金融商品があり、これらを組み合わせて設定できます。

したがって、投資で積極的にリターンを狙いたければ投資信託を重視し、元本割れを絶対に避けたいなら定期預金や保険で運用するといった調整が可能です。

なお、投資をするときに使える税制優遇措置として、つみたてＮＩＳＡなどもありますが、こちらは所得控除を増やせません。ｉＤｅＣｏとつみたてＮＩＳＡの使い分けについては、次の章であらためて説明したいと思います。

◆企業型確定拠出年金（企業型ＤＣ）

ｉＤｅＣｏと似たしくみの制度に、企業型確定拠出年金（企業型ＤＣ）というものがあります。企業型ＤＣも、ｉＤｅＣｏのように掛金を拠出して、老後に向けて資産を運用するための制度です。サラリーマンの場合、勤務先が企業型ＤＣのしくみを設けていれば福利厚生として利用できます。

企業型ＤＣの一番のメリットは、勤務先が掛金を負担してくれるという点です。さらに、口座管理料などの投資にかかるコストも会社が負担してくれます。

このように企業型ＤＣは会社が負担するので、基本的には所得控除が増えるものではありません。しかし、**企業型ＤＣには個人が任意で掛金を上乗せできる「マッチング拠出」というしくみがあり、これを利用すると自己負担分をｉＤｅＣｏと同様に所得から控除できます。**

ｉＤｅＣｏと比べた企業型ＤＣのデメリットは、勤務先が用意している運用商品から選

図表3-9　企業型DCとiDeCoを併用する場合の掛金の上限

	企業型DCに加入している人がiDeCoに加入する場合	企業型DCと確定給付型企業年金（DB、厚生年金基金など）に加入している人がiDeCoに加入する場合
企業型DCの事業主掛金（①）	5万5,000円以内	2万7,500円以内
iDeCoの掛金（②）	2万円以内	1万2,000円以内
①＋②	5万5,000円以内	2万7,500円以内

ぶ必要があるという点です。

ｉＤｅＣｏであれば、自分が投資したい運用商品が扱われている金融機関を探せばいいのですが、企業型ＤＣの場合そうはいきません。運用商品の選択肢の多さという意味では、ｉＤｅＣｏのほうが優れているのです。

したがって、企業型ＤＣを利用できる会社に勤めていれば企業型ＤＣを積極的に使いたいところですが、自分の運用方針に合う投資商品がない場合は、自己負担になりますが、あえてｉＤｅＣｏを使ってもいいかもしれません。

資金に余裕がある人は、企業型ＤＣとｉＤｅＣｏの同時加入（併用）も検討したいところです。これまでは併用をするにはいくつかの条件をクリアする必要があったのですが、２０２２年10月１日以降、図表３－９の掛金の上限以内であれば簡単に併用できるようになりました。

企業型ＤＣの掛金は、会社の福利厚生制度や役職などによって決められるので、多く投資をしたい人にとっては不十分となるおそれがあります。そのようなときは、ｉＤｅＣｏと併用することで投資額を増やし、節税効果を高められるでしょう。

入院や災害などによる損害を補う控除

病気や怪我、災害などに突然見舞われることがあります。そうしたときに利用したい控除を紹介します。

これらの控除は年末調整では手続きできず、確定申告が必要です。毎年1月1日から12月31日の期間の医療費などを集計し、控除になるようであれば確定申告を行うようにしましょう。

◇医療費控除

日本には充実した公的医療保険があるので、医療費の自己負担額はある程度抑えられます。窓口負担は原則３割で、さらに高額療養費制度もあるので、一般的な年収の人は１カ月あたりの自己負担は高くても10万円ほどで済みます。

とはいえ、療養期間が長く続いたり、保険適用外の治療を受けたりした場合、医療費が数十万円単位になる可能性がないわけではありません。そうしたときに使えるのが、医療費控除です。

医療費控除は、1月1日から12月31日の1年間に支払った医療費が10万円を超えた場合、その超えた金額（最大200万円）が控除になるというものです。

厳密に言えば、総所得金額等が200万円未満の人は総所得金額等の5％を超えた金額が医療費控除になるのですが、現役のサラリーマンの場合、「年間10万円を超えた分が医療費控除」と理解しておけば十分です。

医療費控除の対象になるのは、治療費や入院費のように、病気や怪我を治すために支払うものが基本となります。

美容目的の整形手術や歯科矯正（きょうせい）、健康診断費用のように、**治療ではない支払いは、たとえ病院に払うものであっても医療費控除の対象になりません。**

ややグレーなのがマッサージ関連の費用です。実際に怪我（けが）などをして治療目的でマッサージを受けるときはいいのですが、単に疲れを癒やしたり、体調を整えたりするためだと、認められません。また、柔道整復師やあん摩マッサージ指圧師のような国家資格をもたない人からマッサージなどを受けた場合も、医療費控除の対象にならないので、注意してください。

もうひとつ間違いやすいのが、病気などにともない保険金を受け取ったときの取り扱いです。入院給付金や手術給付金などの保険金を受け取った場合、金額にかかわらず非課税になりますが、医療費控除の計算に影響します。

これらの保険金は非課税なので確定申告は通常必要ないのですが、**医療費控除を申告するときは、受け取った入院給付金などを差し引く必要があります**。医療費控除の確定申告をするのであれば、支払った医療費だけでなく、受け取った保険金も確認し、正しく控除額を計算しなくてはいけません。

◆セルフメディケーション税制

医療費控除について説明しましたが、原則として年間10万円以上の支出が必要なので、病院にあまり行かない人にとっては使いづらいかもしれません。

そうした人に勧めたいのが、医療費控除の別バージョンである「セルフメディケーション税制」というものです。

セルフメディケーション税制は、ドラッグストアなどで「特定一般用医薬品等」を買ったときに適用される所得控除です。

特定一般用医薬品等という言葉からは特殊なものをイメージしそうですが、風邪薬や鎮痛剤といったものから、軟膏（なんこう）や湿布（しっぷ）、点眼薬など、幅広い品目が対象になっています。どの医薬品がセルフメディケーション税制の対象になっているかを確認するときは、パッケージに描かれている共通識別マークで分かります（図表3-10）。また、レシートにも、対象商品が表示されるようになっています。

図表3-10 共通識別マーク

セルフメディケーション
税 控除対象

通常の医療費控除とセルフメディケーション税制は、どちらか一方しか使えません。そのため有利なほうを選択する必要がありますが、これは実際に計算してみないと分かりません。次のとおり控除額を計算できます。

〈通常の医療費控除の控除額〉
医療費の総額－保険金などで補填（ほてん）される金額－10万円（所得の合計額が200万円までの場合は所得の5％）

〈セルフメディケーション税制による控除額〉
対象医薬品の購入金額－1万2000円＝医療費控除額（最高8万8000円）

セルフメディケーション税制のほうが少ない金額から利用できる一方、上限は8万8000円と低く設定されています。したがって、基本的には、病院によく行き、多額の医療費を払っている人は通常の医療費控除を、ドラッグストアをよく使う人はセルフメディケーション税制を選択するといいでしょう。

セルフメディケーション税制を有効に活用するコツは、計画的に医薬品などを買うことです。控除額は1月1日~12月31日の期間で区切って集計しますから、**医薬品を購入する年が分散すると控除額が少なくなってしまいます**。

次の比較のように、数年に一度、風邪薬などをまとめ買いすると、控除を効率的に増やせます。ただ、使いもしない医薬品を買うのは無駄遣いなので、その点は気をつけてください。

- 対象医薬品を毎年1万円分買う場合

↓ 各年の購入額が1万2000円以内のため、控除額はゼロ

- 対象医薬品を3年に一度、3万円分買う場合

↓ 購入した年の控除額は3万円－1万2000円＝1万8000円

◆雑損控除

台風や地震、火災など、日本では多くの自然災害が起きています。誰もが被災する可能性があり、備えが必要です。防災の取り組みとともに覚えておきたいのが、被災したときに使える雑損控除の存在です。

雑損控除は、災害などで被害を受けたときに、被害額に応じて控除額が増えるしくみになっています。自分はもちろん、**同一生計の親族(総所得金額48万円以下に限る)の損害も含めて、控除額を計算できます。**

雑損控除は、自然災害に限らず、火災などの人為的な災害にも適用されます。また、盗難や横領の被害に遭ったときも、雑損控除を使えます。

ただし、詐欺や恐喝の被害は雑損控除の対象になりません。個人的には詐欺や恐喝の被害も雑損控除で救済すべきだと考えますが、現状のルールでは認められないので注意してください。

雑損控除の細かい計算の説明は割愛しますが、被った損害に応じて控除額が増えるしくみになっていますから、被災したり盗難などに遭った場合は、その損害を示す書類などを集めておくことが大切です。たとえば**壊れた物品の修理費用の領収書や被害を示す写真など、関係しそうな書類は捨てずに、確定申告のために取っておきましょう。**

寄付をすると使える控除

◇寄附金控除

応援したいNPO団体や地方自治体などに寄付をすると、寄附金控除が使えます。つまり、寄付をする代わりに税金を減らせるということです。たとえば「国の税金の使い方に納得できない」「税金を払うくらいなら活動に共感する団体を支援したい」といったときに、寄附金控除が役立ちます。

寄附金控除の対象になる主な寄付先は、以下のとおりです。

- 国
- 地方自治体

- 公益社団法人、公益財団法人
- 独立行政法人
- 私立学校
- 認定ＮＰＯ法人
- 政党

寄附金控除は原則として所得控除ですが、認定ＮＰＯや政党に対する寄付金など、一定のものは税額控除を選択することができます。

所得控除と税額控除のどちらが有利かはケースバイケースです。また、いずれの場合も寄付金の合計額を所得金額の40％までに収める必要があり、税額控除の場合は、「その年の所得税額の25％が控除額の上限」という条件が加わります。

こうした**上限以上の寄付をしても、控除は増えません**ので、国税庁の確定申告書等作成コーナーなどを使ってあらかじめ控除額のシミュレーションをしておいたほうがいいでしょう。

◆ふるさと納税

おそらく多くの人が「ふるさと納税」という言葉を耳にしたことがあるのではないでしょうか。実際にふるさと納税をしたことのある人も少なくないでしょう。

ふるさと納税とは、地方自治体に寄付をすることを意味し、寄附金控除による節税効果を得られます。

総務省自治税務局が公開した「ふるさと納税に関する現況調査結果（令和4年度実施）」によると、ふるさと納税の件数や寄付金額は年々大きく伸びています。

なぜふるさと納税がこれだけ人気を集めているかというと、「高い節税効果」と「お得な返礼品をもらえる」という2つの理由によります。

まずは節税効果について見ていきましょう。ふるさと納税を正しく行うと、寄付で支払ったお金のほとんどが戻ってきます。そして、実質的な負担額は2000円に収まります。

図表3-11 ふるさと納税の受入額及び受入件数の推移（全国計）

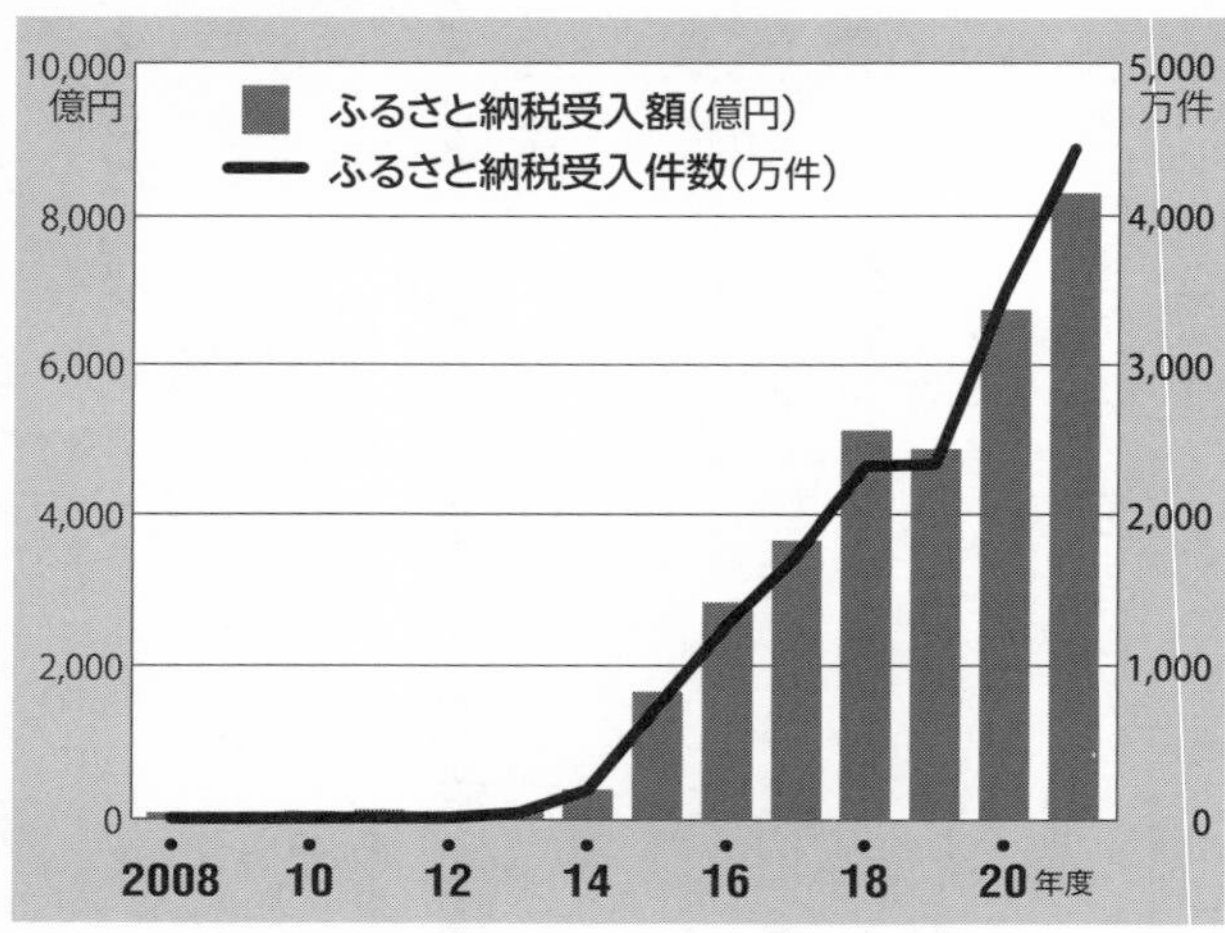

出所：総務省自治税務局市町村税課「ふるさと納税に関する現況調査結果（令和4年度実施）」
https://www.soumu.go.jp/main_sosiki/jichi_zeisei/czaisei/czaisei_seido/furusato/file/report20220729.pdf

たとえば10万円を寄付したなら、９万８０００円分の節税効果があり、実質負担は２０００円になるイメージです。

もっとも、これだけでは自己負担２０００円が発生するので、純粋に寄付をしたい人でなければメリットが薄いと思われるでしょう。

そこで寄付を後押しするのが、返礼品によるメリットです。ふるさと納税をすると、ほとんどの地方自治体から返礼品をもらえます。地域の特産品や旅行割引、日用品など、さまざまな返礼品が用意されていて、寄付をする人は好きな返礼品を選べるのです。

しかも、「ふるさと納税」という名称とは裏腹に、自分の地元以外への寄付も認められていますから、魅力的な返礼品を用意している地方自治体を選んで寄付をすることが可能です。

このようなしくみになっているので、単純に考えて**「自己負担の2000円以上の価値がある返礼品をもらえば得」**ということになります。

ふるさと納税のお得度を調べるときは、総務省がふるさと納税の返礼品を「寄付額の30%以内」にするように規制している点を考慮することが役立ちます。あくまでも概算になりますが、以下の計算式を頭に入れておくといいでしょう。

〈10万円を寄付した場合〉
返礼品の実質価格　10万円×30%＝3万円
ふるさと納税の自己負担額　2000円

↓　２万８０００円分のメリット（２０００円の負担で、３万円分の返礼品が手に入る）

◇ふるさと納税の3つの注意点

ふるさと納税はとてもお得な制度なので、もう少し詳しく説明したいと思います。

まず注意しておきたいのが、**きちんと寄附金控除の手続きをしないと節税効果を受けられないということです。**

先ほど、10万円を寄付したら、自己負担２０００円で３万円相当の返礼品を受け取れると説明しました。しかし、もし手続きに不備があると節税効果が得られず、自己負担10万円で３万円相当の返礼品を受け取ることになり、かえって損をしてしまうのです。

次の注意点が、寄附金控除が認められる寄付額には上限があるという点です。**控除の対象となる寄付額は、「総所得金額の40％」が上限です。**

これを超えて寄付をしてしまうと自己負担額が２０００円を超えてしまいます。上限

図表3-12 ふるさと納税のしくみ

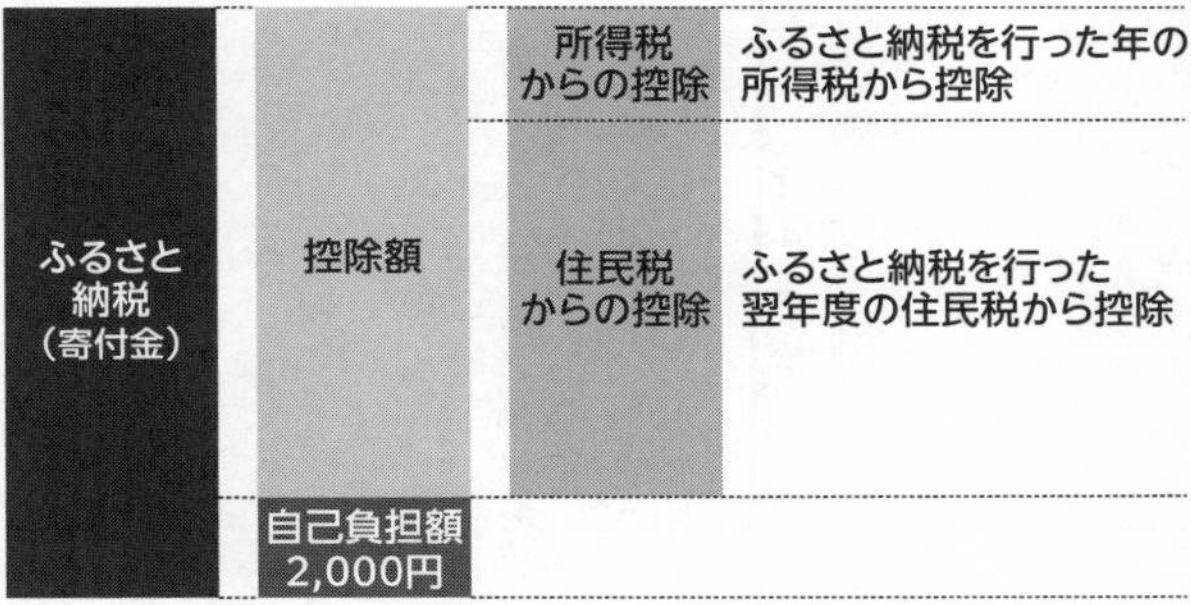

ふるさと納税（寄付金）	控除額	所得税からの控除	ふるさと納税を行った年の所得税から控除
		住民税からの控除	ふるさと納税を行った翌年度の住民税から控除
	自己負担額 2,000円		

出所：総務省ホームページ「ふるさと納税ポータルサイト」
https://www.soumu.go.jp/main_sosiki/jichi_zeisei/czaisei/czaisei_seido/furusato/mechanism/deduction.html

額5万円の人が7万円を寄付しても、寄付額5万円として控除額が計算されます。この場合、寄付額7万円に対する節税効果は4万8000円（5万円－2000円）となり、自己負担は2万2000円です。

　このように**寄付の上限額は各自の所得金額次第ですから、専業主婦のように所得のない人がふるさと納税をしても、節税効果は一切得られません。**つまり、ふるさと納税をするとただの損になってしまうのです。

　ふるさと納税をするときは、あらかじめ上限額の目安を押さえておく必要があります。上限額を確認するときは、ふるさと納税のポータルサイトが用意しているシミュレーション機能を利用するとスムーズです。

私がよく使っているのが、ポータルサイト『さとふる』の「詳細シミュレーション」です。細かい情報を入力してシミュレーションできるので、ある程度正確に上限額を調べられます。

最後の注意点が、寄付をするときの「名義」の問題です。**ふるさと納税をするときは、収入の多い人の名義で行うことをお勧めします**。

たとえば、会社員の夫と専業主婦の妻の家庭で考えてみましょう。この場合、妻名義でふるさと納税をすると、寄付金の証明書には妻の名前が記載されます。すると、このふるさと納税は夫ではなく妻に適用され、ふるさと納税の節税効果を得られません。

共働きであれば、夫婦でふるさと納税を行うのが合理的です。それぞれの上限額を調べ、それぞれの名義で手続きを行うことで、お得度が倍増します。

3-6 自宅の購入・リフォームで使える控除

日本政府は国民の住宅購入促進のため、さまざまな税制優遇措置を用意しています。自宅を買うときだけでなく、リフォームや耐震工事などをするときも節税のチャンスです。

◇住宅借入金等特別控除（住宅ローン控除）

住宅ローン控除は、税額控除のひとつです。税額を最長13年にわたり直接減らしてくれるので、節税効果がとても大きいです。

住宅ローン控除の基本的なしくみは、**「住宅ローンの年末残高の0・7％分の節税効果を最長13年間受けられる」**というものです。入居年や住宅の種類などによって借入限度額や控除期間が変わりますが、たとえば2023年に新築住宅に住み始める場合は、0・7%分の節税効果を13年間にわたって受けられます。

2023年に住宅ローンを組んで家を買って、その年の年末時点で3000万円の残債（年末残高）があったとしましょう。この場合、「3000万円×0・7%＝21万円」が、税額から差し引かれます。その後の控除額は年末残高の減り具合によって変わりますが、13年間の累計で数百万円単位の節税効果になるはずです。

ここでひとつ注意したいのが、**住宅ローン控除が認められる住宅ローンの年末残高には上限がある**という点です。「認定住宅」「ZEH水準省エネ住宅」といった高品質な住宅は上限が高く、そうでない場合は上限が低くなっています。住宅ローン控除をうまく活用するには、この上限以内でローンを組むというのがひとつの考え方になります。

2024年以後は、省エネ基準を満たさない新築住宅は住宅ローン控除を使えなくなることも注意したい点です。住宅ローン控除を使えるかどうかは、その後の納税額に大きく影響するため、購入を決める前に確認しておきましょう。

〈住宅ローン控除の主な条件〉

- 住宅ローンなどの返済期間が10年以上あること
- 民間の金融機関などの住宅ローンを利用していること
- 床面積の2分の1以上が、専ら自己の居住用であること
- 引き渡しまたは工事完了から6カ月以内に入居すること
- 家屋の床面積（登記面積）が50㎡以上であること（注）
- 控除を受ける年の合計所得が2000万円以下であること
- 1982年以降に建築されたものか、現行の耐震基準に適合していること

（注）2023年末までに建築確認を受けた新築住宅を取得する場合、合計所得金額1000万円以下の人に限り40㎡以上に緩和されます。

◇住宅ローン控除の手続き

住宅ローン控除を利用するにあたり、新居に入居した翌年以降に確定申告をする必要が

図表3-13 住宅ローン控除の対象となる住宅

<table>
<tr><th rowspan="2">新築／既存等</th><th rowspan="2">住宅の環境性能等</th><th colspan="2">借入限度額</th><th rowspan="2">控除期間</th></tr>
<tr><th>2022·23年入居</th><th>2024·25年入居</th></tr>
<tr><td rowspan="4">新築住宅
買取再販
(1)</td><td>長期優良住宅·低炭素住宅</td><td>5,000万円</td><td>4,500万円</td><td rowspan="4">13年間
(2)</td></tr>
<tr><td>ZEH水準省エネ住宅</td><td>4,500万円</td><td>3,500万円</td></tr>
<tr><td>省エネ基準適合住宅</td><td>4,000万円</td><td>3,000万円</td></tr>
<tr><td>その他の住宅(2)</td><td>3,000万円</td><td>0万円(2)</td></tr>
<tr><td rowspan="2">既存住宅</td><td>長期優良住宅·低炭素住宅
ZEH水準省エネ住宅
省エネ基準適合住宅</td><td colspan="2">3,000万円</td><td rowspan="2">10年間</td></tr>
<tr><td>その他の住宅</td><td colspan="2">2,000万円</td></tr>
</table>

(1)宅地建物取引業者により一定の増改築などが行われた一定の居住用家屋。
(2)省エネ基準を満たさない住宅。2024年以降に新築の建築確認を受けた場合、住宅ローン減税の対象外。
(2023年末までに新築の建築確認を受けた住宅に2024·25年に入居する場合は、借入限度額2,000万円·控除期間10年間)

【主な要件】

①自らが居住するための住宅
②床面積が50㎡以上(*)
③合計所得金額が2,000万円以下(*)
④住宅ローンの借入期間が10年以上
⑤引渡し又は工事完了から6ヶ月以内に入居
⑥1982年以降に建築又は現行の耐震基準に適合

等

(*)2023年末までに建築確認を受けた新築住宅を取得等する場合、合計所得金額1,000万円以下に限り、床面積要件が40㎡以上。

出所：国土交通省ホームページ
https://www.mlit.go.jp/jutakukentiku/house/jutakukentiku_house_tk2_000017.html

あります。

サラリーマンの場合、前に説明した、国税庁がホームページ上で公開している「確定申告書等作成コーナー」を使うと便利です。画面の案内にしたがって会社の源泉徴収票や、購入した住宅の情報などを入力していけば、最終的な税額まで自動的に計算してくれます。申告書を作成したら、その確定申告書を所轄（しょかつ）の税務署に提出します。電子申告（e-Tax）を使えば、インターネットによって自宅にいながら確定申告をすることも可能です。

合わせて、住宅ローン控除に関連する添付書類の提出も必要になります。家屋の登記事項証明書や、住宅ローンの年末残高証明書をはじめ、複数の書類が必要で、購入した家のタイプによって提出物が変わります。

詳しい条件や必要書類については国税庁ホームページに掲載されている「住宅借入金等特別控除チェック表」を確認すると便利です。

確定申告や添付書類の提出が終わると、内容に問題がなければ還付金が支払われます。

そして、**サラリーマンであれば、2年目以降の住宅ローン控除については確定申告が不要になります**。税務署から送付される「住宅借入金等特別控除申告書」という書類と、住宅ローンの年末残高証明書があれば、2年目以後は会社の年末調整で住宅ローン控除を受けることができます。

なお、詳しい説明は割愛しますが、住宅を建てたり購入したりする場合だけでなく、増改築やリフォームを行ったときに使える優遇税制措置も設けられています。バリアフリー化や耐震工事、二世帯住宅化など、工事の内容によってそれぞれ税額控除が使えますので、これらの工事を行う前に、制度を確認しておきましょう。

サラリーマンが経費を引く方法

最後に、サラリーマンが得ている給与所得だけに適用される控除について説明しておきます。

◆給与所得控除

フリーランスなどの自営業者の場合、売上から経費を差し引いて所得計算を行います。そのため、経費を増やすことで節税することが可能です。

しかし、サラリーマンは経費を申告することは基本的にありません。これを不公平に感じる人がいるかもしれませんが、それは勘違いです。なぜなら、**サラリーマンの場合、自動的に経費が差し引かれるしくみがある**からです。

図表3-14 給与所得控除

給与等の収入金額 （給与所得の源泉徴収票の支払金額）	給与所得控除額
162万5,000円まで	55万円
162万5,001円から180万円まで	収入金額×40%−10万円
180万1円から　360万円まで	収入金額×30%+　8万円
360万1円から　660万円まで	収入金額×20%+44万円
660万1円から　850万円まで	収入金額×10%+110万円
850万1円以上	195万円（上限）

このことを理解するために、サラリーマンの課税対象となる給与所得の計算式を見てみましょう。

給与所得＝給与収入－給与所得控除

この「給与収入」とは、給料の額面金額です。税金や社会保険料などを差し引く前の金額を意味しています。ちなみに、勤務先から支給される出張費や通勤手当は非課税なので、給与収入には含まれません。

そして、給与収入から差し引かれる「給与所得控除」は、図表3-14のとおり、給与収入に応じて自動的に決まります。

たとえば給与収入が500万円の人は、給与所得控除額が144万円となりますので、給与所得は356万円と算出できます。つまり、実際に500万円の給料があっても、課税されるのは356万円ですから、自動的に144万円分の経費が計上されているのと同じ効果が生じます。

サラリーマンの場合、仕事のために支払った費用であれば会社が負担するのが一般的ですから、年間144万円もの経費を自己負担することは考えにくいでしょう。しかし、税金を計算するときは必ず差し引いてくれるのです。

◘特定支出控除

給与所得控除について説明しましたが、仕事の内容や勤務先によっては経費の自己負担が多い人もいるでしょう。その場合は、**確定申告で「特定支出控除」を申告することで、実際にかかった費用に応じて給与所得控除を増やすことができます。**

ただし、認められる費用には細かい条件があります。一般的に、以下のような費用（特定支出）のみが認められます。

1　通勤費用
2　仕事のための旅行費
3　転勤に伴う転居費用
4　職務のための研修費用
5　職務に関連する資格取得費（弁護士、公認会計士、税理士なども含む）
6　単身赴任などで、自宅への旅行のための支出
7　次に掲げる支出（65万円を上限）で、職務の遂行に直接必要なものと勤務先から証明がされたもの
（1）書籍、雑誌などの費用
（2）制服、事務服、作業服など、勤務場所で着用する衣服の購入費
（3）会社の得意先などに対する、交際費、接待費など

こうした費用を1月1日から12月31日の1年分合計した結果、「本来の給与所得控除×1/2」を超えたら、超えた金額を給与所得控除に加算することができます。

サラリーマンの場合、そもそもの給与所得控除が少なくないので、特定支出控除を使う

場面はあまりないかもしれません。ただ、資格取得のためにスクールに通うときなど、**仕事に関わる大きな出費があったときは、特定支出控除の存在を思い出してください。**

特定支出控除の手続きは、確定申告によって行います。まずは特定支出の明細書を作り、さらに勤務先から証明書をもらわなくてはいけません。そのうえで必要書類を添えて確定申告をするという流れです。

特定支出控除を使うには、勤務先の証明書が必須となっているので、あらかじめ勤務先に証明書をもらえるか確認したうえで支払いを行うと安心です。

第4章

副業・投資で稼ぐときの節税方法

副業をするときの税金

昨今はサラリーマンをしながら副業や投資で収入を得ている人が増えています。給料が上がらない状況の中、働き方改革が進み、自由な時間が生まれているわけですから、これは自然な流れです。

このときに出てくるのが、やはり税金の問題です。給料以外の収入を増やそうとした場合、あらためて確定申告などのルールを理解する必要があります。また、給与所得とは違う節税方法があるので、その点も理解しておきましょう。

◇「収入」と「所得」の違いを理解しよう

税金にまつわる専門用語には、分かりにくいものが少なくありません。その一例が、「収入」と「所得」の違いです。
本書でも、これまでにこの２つの言葉は出てきていますが、あえて詳しく説明しませんでした。というのも、給与所得の場合、収入金額に応じてほぼ自動的に所得金額が決まるので、そこまで意識する必要がないのです。

でも、**副業や投資で稼ごうとしている人は、収入と所得の違いを正しく理解しておく必要があります**。

収入とは、「入ってくるお金」を意味します。たとえば**副業をしている人は売上金額などが収入になり、投資をしている人は株式の売却代金などが収入になります**。

そして、これらの**収入金額から必要経費などを差し引いたものが「所得」**です。副業や投資をする人は、**「所得≒利益」**というイメージをまずはもっておきましょう。

所得税や住民税は所得を基準として計算されるわけですから、節税のためには所得を抑えることが有効です。後述する必要経費や特別控除を増やせば、同じ売上でも課税される所得が低くなるので、結果的に税金が少なくなります。

◇副業の必要経費にできるもの、できないもの

サラリーマンは、税金に関して経費のことをあまり意識する必要はありません。前述のとおり、必要経費の代わりに給与所得控除が自動的に差し引かれるからです。仕事で使った経費は会社で精算するのが普通なので、「会社が経費として認めてくれるか」という点だけが問題になります。

しかし、副業を始めた場合、税法上の必要経費のルールをしっかり押さえておく必要があります。**会社なら経費精算が認められるような支払いでも、税法ではNGということもあるからです。**

個人事業や副業を行うのであれば、必要経費に関する次の2つの基準を頭に置く必要があります。

1　売上原価や、売上を得るために直接要した費用

図表4-1 副業に係る雑所得の金額の計算表

科目	内容等	金額
①総収入金額	シェアリングエコノミーや副業で得た金銭等の合計額	
②旅費交通費	取引先へ移動するための交通費（電車・バス・タクシー・高速道路料金）・出張旅費や宿泊費など	
③通信費	業務で使用する携帯電話・固定電話・切手・はがき代など	
④接待交際費	取引先との打合せのための飲食代、取引先に対する慶弔見舞金・お土産代など	
⑤損害保険料	業務で使用する車などの保険料（任意・自賠責保険）など	
⑥消耗品費	事務用品（営業用カバン・名刺・封筒）の購入費用など	
⑦会議・研修費	打合せ等で使用したレンタルスペース料、会議に伴い支出する費用、業務で使用する書籍・地図、資格試験料など	
⑧車両・燃料費	業務で使用する車のガソリン代・駐車場代、自動車修理代、車検費用など	
⑨事務所経費	事務所の家賃、水道光熱費など	
⑩租税公課	業務で使用する車の自動車税、自動車取得税、自動車重量税、組合費など	
⑪広告宣伝費	チラシ代など	
⑫仕入	販売用の商品の購入費用や原材料費	
⑬外注工賃	知人に仕事を依頼したときの依頼料など	
⑭修繕費	業務で使用するパソコンの修理費用など	
⑮減価償却費	減価償却費の計算明細書で計算します。	
⑯雑費	上記①～⑮に当てはまらない費用	
⑰必要経費の計	②～⑯までの合計額	
⑱雑所得の金額	①－⑰で求めた金額	

出所：国税庁ホームページ「スマホで確定申告（副業編）」
https://www.nta.go.jp/taxes/shiraberu/shinkoku/tebiki/2019/kisairei/sp/pdf/03.pdf

2　その年に生じた販売費や一般管理費など

難しい言い回しですが、簡単に表現すると、**「売上を得るための費用」「業務を行う上で必要な費用」が必要経費になる**ということです。

一般的には商品の仕入代や広告宣伝費、消耗品費などが必要経費になりますが、事業の内容によって必要経費は変わってきます。国税庁ホームページには、副業をしている人に向けて必要経費の例が記載されていますので、これを見て必要経費として計上できるものをチェックするといいでしょう。

また、拙著『あんな経費まで！　領収書のズルい落とし方がわかる本』（宝島社）で必要経費について深掘りしているので、よろしければ参考にしてください。

◆事業目的とプライベート目的をきっちり分ける

必要経費に関して税務調査などで問題視されやすいのが、プライベート目的と事業目的が一見して見分けられないケースです。

たとえば居酒屋でお金を払ったとき、取引先を交えたものであれば交際費という名目で必要経費にできます。しかし、プライベートな飲み会であれば当然ながら必要経費として認められませんから、必要経費として申告をすると、後で税務署から指摘を受けるおそれがあります。

このような問題を避けるには、まずは、**お金を払ったら、プライベート目的のものと事業目的のものに分けて、事業目的のものは領収証などを保管しておくことが大切です。**

さらには居酒屋の領収書のように、**一見して事業目的に見えないものは、取引先との懇親会だったことをメモに残すなど、必要経費として後で説明できるようにしておきましょう。**

◇自宅で副業をすると家賃が経費に

自宅で個人事業や副業をするなら、家賃や通信費、電気代などの一部を必要経費にすることができます。

ただし、あくまでも一部であることに注意が必要です。家賃などの全額を必要経費にしてしまうと、税務署から是正を求められる可能性が高いからです。

仕事とプライベートを兼ねた費用を「家事関連費」といい、実は、必要経費にできないのが原則です。ただ、家事関連費のうち、「業務の遂行上直接必要であったことが明らかにされる場合」に限っては必要経費にすることができるというルールになっています。

たとえば、「家賃のうち50％は業務のために必要」ということであれば、家賃の50％を必要経費にできます。この計算で使う割合は、「事業割合」といいます。

事業割合の計算方法は法律ではっきり定められていません。ですから、自分自身で理屈を考える必要があるのですが、**「とりあえず50％を経費に」といった安易な判断は禁物**です。

たとえば家賃であれば、仕事に使うスペースとそれ以外のスペースを分けて、その床面積の割合で計算するのが一般的です。全部屋の床面積が１００㎡で、そのうち仕事部屋が10㎡であれば10％といった計算をします。「平日の9時から17時は仕事に使っている」といった使用時間に着目して事業割合を計算する方法でもいいでしょう。

そして、**事業割合は支払いの種類ごとに計算が必要**となります。床面積から家賃の事業割合を50％と計算したとして、これをインターネット代や電話代、電気代などにそのまま当てはめるわけにはいきません。それぞれ、実情に合った事業割合を考えてください。

◇ボーダーラインは年間20万円の利益

前にも少し説明しましたが、副業を始めようとする人は、まずは「年間20万円以上の所得」というボーダーラインを押さえておきましょう。**1月1日から12月31日までの1年間に、給与所得や退職所得以外の所得が20万円を超えた場合、原則として確定申告が必要になります。**たとえば週末に副業でライターの仕事をして、年間の所得が20万円を超えたら、確定申告をして所得税を納めなくてはいけません。

また、勘違いをしやすいのですが、副業による年間所得が20万円以内だったとしても、税金の手続きがまったく不要になるわけではありません。

この場合、たしかに確定申告や所得税の納税は不要なのですが、**住民税の手続きは別途必要**になります。住民税には、所得税のように年間20万円というボーダーラインはないので、副業の収入があれば住民税の申告が必要になります。申告方法などは、お住まいの地方自治体に問い合わせて確認するといいでしょう。

◆副業の稼ぎは「事業所得」か「雑所得」

日本の所得税や住民税には、「所得の種類」によって計算の仕方が変わるという特徴があります。

たとえば同じ100万円を稼ぐにしても、給料でもらうのか、ビジネスで稼ぐのか、投資で稼ぐのか、といった状況によって、所得の種類が変わります(図表4-2)。そして、所得の種類によって税金面で有利・不利の差が出てきます。

副業で得た所得については「雑所得」という扱いが一般的なのですが、「事業所得」となる可能性もあります。

事業所得と雑所得の違いを判断するのは簡単ではなく、「いくら以上稼いだら事業所得」といった明確な基準がありません。基本的には、**安定的にある程度の収益を得られるような仕事であれば事業所得、たまにお小遣い稼ぎをするような程度であれば雑所得、**といったイメージをもっておけば十分でしょう。

図表4-2 所得には10の区分がある

利子所得	公社債や預貯金の利子、貸付信託や公社債投信の収益の分配などから生じる所得
配当所得	株式の配当、証券投資信託の収益の分配、出資の剰余金の分配などから生じる所得
不動産所得	不動産、土地の上に存する権利、船舶、航空機の貸付けなどから生じる所得
事業所得	商業・工業・農業・漁業・自由業など、事業から生じる所得
給与所得	給料・賞与などの所得
退職所得	退職によって受ける所得
山林所得	5年を超えて所有していた山林を伐採して売ったときなどの所得
譲渡所得	事業用の固定資産や家庭用の資産などを売った所得
一時所得	クイズの賞金や満期保険金などの所得
雑所得	公的年金、原稿料や印税、講演料などのように、他の9種類の所得のどれにも属さない所得

この判断に関して、２０２２年に国税庁が通達を発表しました。その内容を簡単に説明すると、**「記帳や帳簿書類の保存がない人は、原則として雑所得」**というものです。この基準によると、年間売上が３００万円以下で記帳や帳簿書類の保存がない人は、雑所得と判定されます。

後述しますが、事業所得は青色申告などの方法を使うことで節税できますが、雑所得には使えません。**節税のためには、きちんと日々の取引を**

図表4-3 事業所得と業務に係る雑所得等の区分（イメージ）

収入金額	記帳・帳簿書類の保存あり	記帳・帳簿書類の保存なし
300万円超	概ね事業所得（注）	概ね業務に係る雑所得
300万円以下		業務に係る雑所得 ※資産の譲渡は譲渡所得・その他雑所得

注：次のような場合には、事業と認められるかどうかを個別に判断することとなります。
①その所得の収入金額が僅少と認められる場合
②その所得を得る活動に営利性が認められない場合

出所：国税庁ホームページ
https://www.nta.go.jp/law/tsutatsu/kihon/shotoku/kaisei/221007/pdf/02.pdf

記録して、帳簿書類にまとめる必要があるのです。

◇雑所得よりも事業所得のほうが節税できる

所得税や住民税の節税面で比較すると、雑所得よりも事業所得のほうが有利です。その理由は大きく分けて２つあります。

まずは、事業所得は「青色申告」という制度を利用できるという点です。青色申告には、節税効果のある優遇措置が複数用意されていますので、後ほど詳しく解説します。

一方、**雑所得の場合、青色申告を利用できないので、事業所得よりも税金が高くなりがちです。**

次に、**「赤字を損益通算できる」という点も事業所得のメリットです。**たとえば、給与所得500万円の人が事業所得は200万円の赤字だった場合、確定申告をすると2つの所得が相殺（そうさい）され、所得金額300万円として税金を計算できます。

雑所得の場合、いくら大きな赤字が出たとしても、「なかったもの」とみなされるので、他の所得と相殺できません。

ただし、赤字を申告する際に注意したいのは、**毎年事業所得の赤字を確定申告して、給与所得などと相殺していると、税務署から「事業所得ではなく、雑所得」と判断される可能性があることです。**

事業所得の赤字申告が認められているとはいえ、あまりに続くと、「何年も赤字続きなのはおかしい」「節税目的のために事業所得と装っているのでは？」と見られてしまいます。

前述のとおり、きちんと帳簿を作ることも欠かせませんが、それ以前に、「これは事業として行っている」と自信をもって説明できることも大切です。最初は赤字でスタートしたとしても、いずれ継続的に利益を上げられる状態を作るようにしましょう。

事業所得は雑所得よりも有利と説明しましたが、逆に不利となるケースがないわけではありません。

◇事業所得にはデメリットもある

まずは、**事業所得に対しては、地方税のひとつである「事業税」がかかる**という点です。

事業税の基本的な計算方法は、事業所得のうち290万円を超えた金額に対して、一定の税率を掛けるというものです。青色申告の場合はボーダーラインが290万円より上がりますが、ひとまず290万円という基準をイメージしてください。

事業税の税率は業種によって違い、たとえば東京都で物品販売業を営んでいた場合、税率は5%となります。実は事業税の対象にならない業種もあり、文筆業や漫画家などが該当します。

事業所得ではなく雑所得として確定申告をした場合も、基本的に事業税はかかりません。事業税はあくまでも事業所得を基準に計算されるので、この点では雑所得のほうが有利と

図表4-4 東京都の場合の個人事業税の税率

区分	税率	事業の種類			
第1種事業（37業種）	5%	物品販売業	運送取扱業	料理店業	遊覧所業
		保険業	船舶定係場業	飲食店業	商品取引業
		金銭貸付業	倉庫業	周旋業	不動産売買業
		物品貸付業	駐車場業	代理業	広告業
		不動産貸付業	請負業	仲立業	興信所業
		製造業	印刷業	問屋業	案内業
		電気供給業	出版業	両替業	冠婚葬祭業
		土石採取業	写真業	公衆浴場業（むし風呂等）	
		電気通信事業	席貸業	演劇興行業	
		運送業	旅館業	遊技場業	
第2種事業（3業種）	4%	畜産業	水産業	薪炭製造業	
第3種事業（30業種）	5%	医業	公証人業	設計監督者業	公衆浴場業（銭湯）
		歯科医業	弁理士業	不動産鑑定業	歯科衛生士業
		薬剤師業	税理士業	デザイン業	歯科技工士業
		獣医業	公認会計士業	諸芸師匠業	測量士業
		弁護士業	計理士業	理容業	土地家屋調査士業
		司法書士業	社会保険労務士業	美容業	海事代理士業
		行政書士業	コンサルタント業	クリーニング業	印刷製版業
	3%	あんま・マッサージ又は指圧・はり・きゅう・柔道整復・その他の医業に類する事業			装蹄師業

出所：東京都主税局ホームページ
https://www.tax.metro.tokyo.lg.jp/kazei/kojin_ji.html

いうことになります。

このように、所得税や住民税の面では事業所得のほうが有利ですが、その代わりに事業税の負担というデメリットがあることを理解しておきましょう。

もうひとつ、**「記帳や確定申告が面倒」**という点も事業所得のデメリットに挙げられます。

雑所得の場合、1年分の売上と必要経費を集計して、その金額をまとめて確定申告書に記載するだけなので、あまり難しくはありません。

でも事業所得の場合、確定申告書とは別に、売上や必要経費の内訳をまとめた書面を提出する必要があります。さらに青色申告を行うには、複式簿記という形で記帳をして帳簿にまとめなくてはならないので、税理士に依頼したり、自身で会計ソフトを使ったりする必要があります。

◆会社にバレずに副業をするには

サラリーマンが副業をはじめるときにネックになるのが、勤務先に情報が漏れるリスクです。昨今は副業を認める会社が増えていますが、心情的に知られたくないという人が多いのではないでしょうか。

このときに注意したいのが、**税金の手続きを通じて、勤務先に副業をしていることを知られるおそれがある**ということです。

たとえばあなたが副業で得た利益について確定申告をしたとしましょう。すると、税務署に提出された確定申告の情報が、あなたの住んでいる地方自治体に引き継がれます。その後、地方自治体は住民税額を計算し、あなたの勤務先に通知をします。これは、住民税を給料から天引きするために必要な情報だからです。

もちろん、どこでどのような仕事をしているかといった詳細な情報は漏れません。しかし、同じ給料の社員に比べて、明らかに住民税の額が大きければ、「給料以外に収入を得ている」ということは少なくとも明らかになります。このようにして勤務先に副業をして

図表4-5 確定申告書第二表の「住民税·事業税に関する事項」

○ 住民税・事業税に関する事項

住民税	非上場株式の少額配当等を含む配当所得の金額	非居住者	配当割額控除額	株式等譲渡所得割額控除額	給与、公的年金等以外の所得に係る住民税の徴収方法		都道府県、市区町村への寄附（特例控除対象）	共同募金、日赤その他の寄附	都道府県条例指定寄附	市区町村条例指定寄附
					特別徴収	自分で納付				
	円	円	円	円	○	○	円	円	円	円

事業税									
非課税所得など	番号		所得金額	円	損益通算の特例適用前の不動産所得	円	前年中の開（廃）業	開始・廃止	月日
不動産所得から差し引いた青色申告特別控除額					事業用資産の譲渡損失など		他都道府県の事務所等		○

上記の配偶者・親族・事業専従者のうち別居の者の氏名・住所	氏名		住所		所得税で控除対象配偶者などとした専従者	氏名		給与	円	一連番号	

住民税を「自分で納付」にすると、副業にかかる住民税の通知が勤務先ではなく自宅に届く。

いることがバレる可能性があるのです。

ただ、**対策がないわけではありません。確定申告を行う際に、確定申告書第二表にある「住民税・事業税に関する事項」というところで、住民税の徴収方法を「自分で納付」にしておけば、副業にかかる住民税の通知が勤務先ではなく自宅に届きますから、職場に情報が伝わる事態を防げます。**

なお、この対策は、副業として事業所得や雑所得を得る人が使える方法であり、**複数の会社で働くような副業には使えません。**確定申告書第二表で「自分で納付」を選べるのは、「給与・公的年金等以外の所得」という場合に限定されているからです。もし副業として給与所得を得た場合、その情報は「主に収入を得ている勤務先」に通知されてしまいます。

いずれにしても、**副業禁止の会社で副業をすると就業規則違反などの問題になりかねません。**事前に就業規則を確認し、副業の許可を申請する必要があれば、ルールにしたがっておくのが無難です。

青色申告で節税

副業を本格的に行い、事業所得として確定申告をするのであれば、青色申告はぜひとも使いたい制度です。青色申告には複数の節税効果があります。ここからは青色申告の基本的なしくみとともに、代表的な節税効果を紹介します。

◇白色申告と青色申告の違い

青色申告とは、「一定水準の記帳をし、その記帳に基づいて正しい申告をする人」だけに認められている制度で、これにより複数の節税方法を使えるようになります。

青色申告を利用するには、まずは「青色申告承認申請書」という書面を所轄の税務署長に提出し、承認を受ける必要があります。この手続きを怠ると「白色申告」という通常の方式で確定申告をすることになり、青色申告の節税メリットを受けられません。

青色申告の承認を受けたら、正規の会計のルールにのっとって帳簿を作成する必要があり、**「単式簿記」ではなく「複式簿記」で記帳をしなくてはいけません。**

この２つの方式の違いをシンプルに説明しておきます。

単式簿記の場合、売上から必要経費を差し引いて利益を計算します。たとえば「１年間の売上が１００万円で、必要経費が30万円だから、利益（所得）は70万円」という具合ですから、子どものお小遣い帳のようなものです。

一方、複式簿記の場合、売上と必要経費だけでなく、資産や負債などの動きも管理する必要があります。そして、１年間の取引を複式簿記で記録した結果として、最終的に損益計算書と貸借対照表という２種類の書面にまとめなくてはいけません。

このように聞くと青色申告はハードルが高いと思われるでしょう。たしかに電卓だけで計算しようとすると大変ですし、少なくとも日商簿記検定３級程度の知識は必要です。

でも**昨今はクラウド会計ソフトのfreee会計やマネーフォワードクラウドなどの会計ソフトが進歩していて、自分だけで複式簿記の記帳をすることは不可能ではありません。**

青色申告の節税メリットは次項から説明しますが、年間数十万円単位の節税効果が見込め、年数を重ねると大きな節約につながります。**会計処理が面倒になるからといって、青**

色申告の節税効果を無視するのはもったいないので、ぜひチャレンジしてください。

◇事業所得が毎年65万円減る「青色申告特別控除」

ここから、青色申告のメリットのうち代表的な「青色申告特別控除」「青色事業専従者給与」「赤字の繰越し・繰戻し」を紹介します。

まずは、「青色申告特別控除」です。これは年間で最大65万円の特別控除を受けられるというもので、所得税だけでなく、住民税や事業税、国民健康保険料を下げる効果があります。

具体的な節税効果は、65万円に税率を掛けると計算できます。所得税と住民税を合計して30%の税率とすると、65万円×30%＝19万5０００円が1年あたりの節税効果です。

普通、節税のために所得を減らそうとすると、結局はお金を失うことになります。10万円の必要経費を増やせば数万円分の節税効果がありますが、その代わりに10万円を支払っているわけですから。でも、**青色申告特別控除はお金を一切払わずに所得を引き下げることができる**のです。

青色申告特別控除には、10万円、55万円、65万円の3パターンが存在します。最高額の65万円の特別控除を受けるには、以下の条件をすべて満たす必要があります。きちんと帳簿を作成し、電子申告（e－Tax）を行うなどの条件をクリアできれば、控除額を65万円にすることができます。

なお、条件1の「現金主義」とは、実際の現金の動きに合わせて売上などを認識する方法で、税務署に届け出を行うことで初めて現金主義が適用されます。この届け出を行っていなければ、1の条件を満たしています。

1　現金主義の適用を受けていない

2　正規の簿記（複式簿記）の原則に従って記帳し、その記録に基づいてその年12月31日現在の貸借対照表が作成されている

3　確定申告書に、「65万円の特別控除の適用を受けること」「その適用を受けての所得計

算」を記載している

4　確定申告書に貸借対照表、損益計算書を添付し、所得の金額の計算に関する事項を記載している

5　確定申告書をその提出期限までに提出している

6　電子申告（e-Tax）または電子帳簿保存を行っている

◇家族に払った給料を全額必要経費にする

青色申告の2点目のメリットである「青色事業専従者給与」を説明します。これは、「家族に支払う給料を全額必要経費にできる」という特典です。

個人でビジネスをしていると、家族に仕事を手伝ってもらうことがあるかもしれません。私もフリーライターとして独立してから1年ほど個人事業主を続けましたが、当時は妻に事務作業などを手伝ってもらい、給料を支払って必要経費にしていました。

たとえば、家族に毎月8万円の給料を払うとしましょう。すると年間96万円の必要経費が増えます。これだけで青色申告特別控除をしのぐ節税効果になります。

しかも、青色事業専従者給与は家族に払うわけですから、支払ったお金を、その後生活費として使っても問題ありません。言ってみれば、**間接的に生活費を必要経費として使えるのです。**

青色事業専従者給与を利用するには、「青色事業専従者給与に関する届出書」を事前に提出する必要があります。この書面に記載した金額以上に給料を支払うと必要経費にできないので注意してください。

また、いくら必要経費を増やしたいからといっても、**働きに見合わない過大な給料を設定してはいけません。**過大な金額は税務署から否認され、必要経費として認められないのです。

さらに、支払う給料が増えれば、受け取った人の税金や社会保険料が増える点にも要注意です。したがって、**青色事業専従者給与の金額を設定するときは、社会保険の扶養のルールなどを考慮する必要があります。**

給料を受け取った人に所得税を発生させたくなければ年収１０３万円、社会保険料を発生させたくなければ年収１３０万円が基本的なボーダーラインです。

〈青色事業専従者の条件〉
1　青色申告者と生計を一にする配偶者その他の親族であること
2　その年の12月31日現在で年齢が15歳以上であること
3　その年を通じて6カ月を超える期間(年の途中から従事する場合は、従事できる期間の2分の1を超える期間)、その青色申告者の営む事業に専ら従事していること

◆赤字を他の年の利益と相殺できる

青色申告の3つ目のメリットは、「純損失の繰越し・繰戻し」です。こちらは、事業所得で赤字が出る可能性がある人に役立ちます。

「純損失の繰戻し」とは、赤字を前年分に遡って合算する方法です。２０２２年分の事業所得が１００万円の赤字という人がいたとして、この人の２０２１年分の利益(所得)が３００万円であれば、３００万円−１００万円＝２００万円を課税所得として所得税等を計算し直して、還付金を受け取れます(前年も青色申告をしている場合)。

一方、**「純損失の繰越し」は「未来に向けて損失を送る」ということ**を意味します。こちらは、翌年以降、最長3年間にわたり赤字を繰り越すことができます。たとえば2022年分の赤字があれば、これを2023～25年分の確定申告に活用できるということです。

純損失の繰戻しや繰越しが活きるのは、初期投資の多い、あるいは毎年の業績が大きく変わるビジネスです。

お店を開くようなビジネスの場合、創業当初に出費が重なり赤字になりがちです。そうしたときに純損失の繰越しをしておけば、その後に利益が出たタイミングで赤字を活かすことができます。

事業所得の赤字を申告することは、ある意味で保険になります。将来的に利益が出たときに所得税や住民税が増えるリスクを軽減できますので、赤字が出たらとりあえず確定申告をしておきましょう。

4-3 モノを売って稼ぐときの税金

最近はメルカリなどのサイトを使って、個人でもモノを売りやすくなりました。中にはかなりの収入を得ている人もいるようですが、やはり税金に注意が必要です。どのような形で販売するかによって税金の計算方法が変わりますので、パターンごとに理解していきましょう。

◇フリマサイトで不用品を売ったときは非課税

不用品(生活用動産)を売った場合は、非課税です。家にある使わなくなった電化製品や読まなくなった本などを売ったのであれば、いくら収入があっても税金はかからず、確定申告をする必要もまったくありません。

ただし、**不用品といえども高級品を売るときは例外です。**宝飾品や書画、工芸品などを売るとき、１個または１組あたり30万円超で売れた場合は非課税にならず、総合譲渡所得として課税されます。

総合譲渡所得を計算するときは、まず売値（うりね）から買ったときの費用や売るためにかかった費用を引きます。そのうえで、特別控除として年間50万円を差し引きます。

ここでポイントとなるのは、年間50万円の特別控除の存在です。もし、**所有している宝石や骨董品（こっとうひん）を多く処分したいようなときは、売るタイミングを数年間に分ければ、売った年ごとに特別控除額50万円が使え、節税できます。**

◆ビジネスとして転売したときの税金

人によっては不用品を売るだけに留まらず、仕入れた商品をメルカリなどで頻繁に販売して定期的に収入を得ている人もいると思います。いわゆる転売ヤーと呼ばれる形です。

この場合、「事業所得」または「雑所得」として扱われますが、一般の人がたまに売買して収入を得ているレベルであれば、雑所得がふさわしいでしょう。

転売で得た所得を計算するときは、売上から仕入代や送料などを引くのが基本です。

ここで勘違いしやすいのが、**差し引ける仕入代は、あくまでも売れた商品のものだけ**ということです。お金を払って仕入れていても、その商品が売れない限りは基本的に必要経費になりません。

売れ残った商品は、売れるまでは「棚卸資産（たなおろし）」という形で記帳しておいて、これが売れたタイミングで必要経費にします。

このようにして所得金額を計算したら、前に説明した「20万円ルール」を思い出してください。サラリーマンが副業的に得た所得であれば、「年間20万円」に収まれば確定申告は必要ありません。ただし住民税の申告が必要となる点は注意してください。

投資をするときの税金

日本政府は国民の投資を後押しすべく、さまざまな税制優遇措置を打ち出しています。これをうまく活用すれば、自分のお金を増やしながら節税をすることが可能です。投資の手段はさまざまですが、税金面で有利不利の差が出てきますので、できるだけ有利な方法で資産を運用していきましょう。

◆株式投資の利益の約２割が税金

投資の手段として代表的なものが株式投資です。

株式投資をして「売却益」を得ると、所得税として15%、住民税５%がかかります。この他に復興特別所得税として０・315%加算されますが、ざっくりと「株で儲けたら、儲けの20％が税金」と覚えておけばいいでしょう。

税金を計算する際、**個人が株式投資で得た売却益は、「譲渡所得」という扱いになります。**以下のとおり計算して、結果、プラスになった場合、税額が発生します。

譲渡所得＝譲渡価額（売却収入）－必要経費（購入費・手数料）

実は、**株式投資で利益を得るのは、それだけで節税につながります。**

給与所得や事業所得、雑所得などは「総合課税」という扱いで、各所得が合算され、5〜45％の税率で所得税、10％の税率で住民税がかかります。日本人の平均年収は433万円台ということを考えると、所得税と住民税を合わせた税率は少なくとも20％、高収入の人はさらに高くなっていきます。

一方、**株式投資の売却益は、「分離課税」という扱いとなり、他の所得と合算されません。**

そして税率は一律で20・315％で、いくら儲けても税率は上がりません。

このように、株式投資の売却益については、所得税の税率が一律になっていますから、

図表4-6　申告納税者の所得税負担率（2013年分）

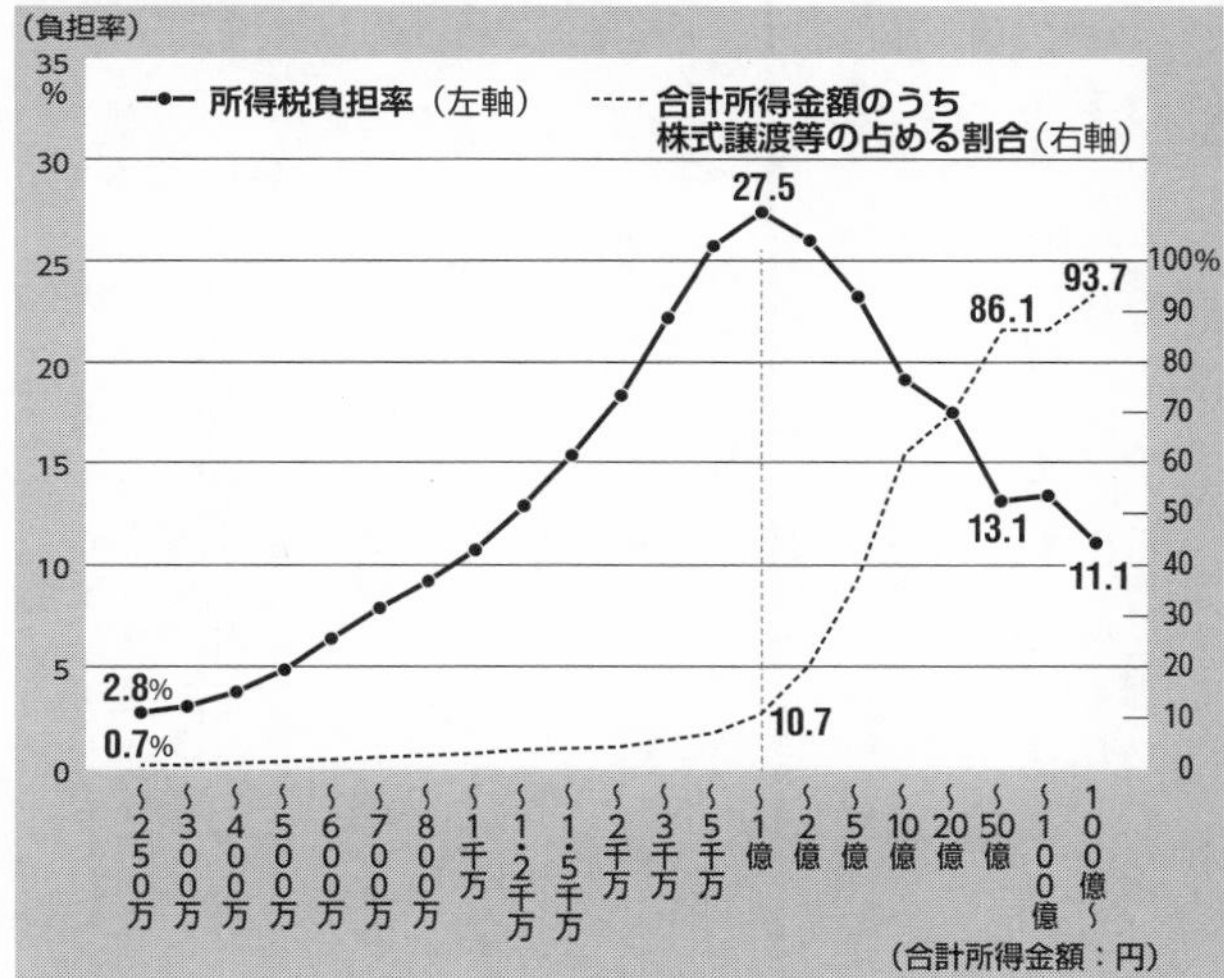

備考：国税庁「平成25年分申告所得税標本調査結果（税務統計から見た申告所得税の実態）」より作成。
注：所得金額があっても申告納税額のない者（例えば還付申告書を提出した者）は含まれていない。
また、申告不要を選択した場合の配当所得や源泉徴収で課税関係が終了した源泉徴収特定口座における株式等譲渡所得や利子所得等も含まれていない。
出所：内閣府税制調査会 2015年10月14日資料をもとに作成

給料や副業などである程度の高収入を得ている人は、株式投資で稼いだほうが税負担が少なくなります。

図表４-６は、所得金額ごとの所得税の負担率を示しているものです。所得金額が１億円になるまでは、所得税の負担率は右肩上がりとなっています。これは、総合課税所得の多い人のほうが税率が高くなる「超過累進

税率」が作用しているからです。

ところが、所得金額が1億円を超えると、逆に負担率が下がっているのが分かると思います。そして、所得税の負担率と反比例して株式投資の譲渡所得が増えています。これが、「1億円の壁」と呼ばれている現象です。

このグラフを見て分かるのは、億万長者と呼ばれるようなお金もちは、給与所得や事業所得などで稼ぐよりも、株式投資で稼いでいるということです。株式投資の稼ぎを増やすことは、税負担を減らす効果があります。

このような税率構造になっていることから、ある程度の収入の人は「働いて稼ぐ」よりも、「投資をして稼ぐ」ほうが税負担が少なくなるというわけです。しかもｉＤｅＣｏやつみたてＮＩＳＡなどの税制優遇措置を使えば、得た利益が非課税になりますから、ますます有利です。

なお、１億円の壁による税負担の逆転現象については、長らく政府が問題視してきました。そのため、２０２２年12月に政府の税制調査会は、年間所得が30億円を超える超富裕層については、投資の利益に対する課税強化を行う方針を固めました。

とはいえ、年間所得が30億円を超える人は日本全国で200人から300人程度と見られていますから、大半の人は引き続き株式投資による節税メリットを享受(きょうじゅ)できるでしょう。

◆株取引の税金処理は証券会社任せでOK

かつては株式投資の税金の計算はとても面倒でした。しかも基本的に毎年の確定申告が必要だったので、これがネックとなり投資ができなかった人がいたと考えられます。

でも、**2003年からスタートした「特定口座」というしくみによって、株式投資にともなう税金の手続きは非常に便利になりました。**

証券口座を開設する際、特定口座と一般口座のどちらかを選択することになります。ここで特定口座を指定すると、証券会社が1年ごとに譲渡所得を正しく計算してくれます。その結果が「特定口座年間取引報告書」という書面にまとめられるので、これを使えば簡単に譲渡所得を把握でき、確定申告のときに役立ちます。

さらに、特定口座には「源泉徴収あり」と「源泉徴収なし」の2パターンがあり、前者を選ぶと、納税の手続きもすべて証券会社が代行してくれます。

株式投資で得た売却益や配当金にかかる税金が源泉徴収されるので、わざわざ確定申告や納税をする必要がなくなるのです。

特定口座を利用するメリットはこれだけではありません。

たとえばサラリーマンの夫が、妻を扶養に入れて配偶者控除を利用しているとしましょう。この妻が株式投資で大きな利益を上げた場合、配偶者控除を使えなくなる可能性が出てきます。

しかし、**特定口座(源泉徴収あり)であれば確定申告をする必要がなく、配偶者控除などを判定するときに基準となる合計所得金額に影響しません。**いくら多額の利益を得たとしても、引き続き配偶者控除を使えるのです。

もし、特定口座(源泉徴収なし)や一般口座を利用していたら、妻は株式投資の利益を確定申告する必要があり、これによって配偶者控除の対象から外れてしまいます。

このように**特定口座(源泉徴収あり)には大きなメリットがあり、デメリットはとくにありません**ので、最初から迷わず選ぶといいでしょう。

◆配当の確定申告をすると得することも

株式を売らなくても、もっているだけで「配当金」をもらえることがあります。この配当金は「配当所得」として、約2割の税金がかかります。

このとき、特定口座（源泉徴収あり）で管理している銘柄（めいがら）であれば、配当金が支払われるときに税金が引かれるので、あらためて確定申告や納税をする必要はありません。

ただ、あえて確定申告することで、税金が少なくなる可能性があるので、しくみを説明しておきます。

配当所得の場合、確定申告を行うことによって、「総合課税」と「申告分離課税」のどちらの方式で配当の税金を計算するかを選択できます。この選択によって税率などが変わるので、最終的な税額に差が出てくるのです。

総合課税と申告分離課税のどちらが有利になるのかは一概に言い切れず、実際に税金を計算する他ありません。ただ、基本的には、税率を掛ける前の所得金額（課税総所得金額）が900万円を超えると、申告分離課税が有利になるのが一般的です。

第2章で紹介した国税庁の確定申告書等作成コーナーを使えば、**配当を申告した場合と、申告しない場合で、税額を簡単に比較できます**ので、配当がある人は一度計算してみるといいでしょう。

◆株の損は確定申告で繰り越そう

株式投資は、必ず儲かるものではありません。ときには買ったときよりも安い値段で株式を売却し、損をしてしまうことがあるかもしれません。

1年分の株式投資の結果を集計して、譲渡所得がマイナスになれば税金はかかりません。このとき確定申告をしなくても罰則はありません。それでも、**株式投資の売却損を確定申告しておくと、2つの場面で節税につながる可能性があります。**

ひとつは、複数の証券会社などで取引を行っていて、利益が出ている口座と、損失が出ている口座がある場合です。

つみたてNISAやiDeCo、企業型DCを使わずに投資で利益を得たときは、利益が出ている口座が特定口座(源泉徴収あり)であれば、利益の20・315%が自動的に源泉徴収されます。基本的には手続きは不要です。

ただ、「複数の証券口座があり、その一部で損失が出ている」というケースでは、確定申告をするメリットがあります。

A証券の口座では1年間で100万円の利益が出て、B証券の口座では1年間で10万円の損をしたとします。この場合、それぞれ特定口座(源泉徴収あり)であれば、A証券は利益100万円に対する税金が源泉徴収されますが、B証券は損失ですから税金の源泉徴収はなされません。

こうした状況で確定申告をすると、**A証券の利益とB証券の損失を合算することができます**。つまり、100万円−10万円＝90万円の所得として税金が再計算されるため、A証券から源泉徴収されていた税額の一部が還付金として戻ってきます。

次に、確定申告をすることで、「譲渡損失の繰越控除」を使えることもメリットです。株式の譲渡所得がマイナスになっても、給与所得など他の所得と合算することはできないのですが、**損失を最長3年間繰り越して、その間に株式などで得た利益と合算することが**

できます。

たとえば、2022年分の株式の譲渡所得が100万円の赤字、2023年分の譲渡所得が130万円の黒字なら、確定申告をすることにより、2023年分の譲渡所得税を、130万円－100万円＝30万円の譲渡所得を基準に計算できるというわけです。

なお、**株式の売却損を確定申告で繰り越したら、その後の年も、確定申告を忘れないようにしましょう。**たとえば2022年分の損失を繰り越した後、2023年分の確定申告をしないと、繰り越していた損失が失効します。

◆つみたてNISAで利益を非課税に

株式投資を始めるにあたり、証券口座を開設する必要があります。このときに検討したいのが、つみたてNISAという制度です。

現在、証券会社を通じて行える税制優遇措置は、「一般NISA」「つみたてNISA」「ジュニアNISA」「iDeCo」の4つです。

このうち私が勧めるのが、つみたてNISAとiDeCoです。これらの制度は、「長期・

分散・積立」という、安定的な資産運用を行うときに使えるものになっていて、投資初心者の人にもお勧めです。

まずはつみたてＮＩＳＡから説明しましょう。**つみたてＮＩＳＡを利用すると、毎年40万円を上限として、投資信託を購入した年から最長20年間は、その投資信託から生じる分配金や譲渡益がすべて非課税になります。**

そして、現在の法律では２０４２年12月末までが投資可能期間として認められているので、２０２３年につみたてＮＩＳＡを始めれば、合計で40万円×20年＝８００万円までの積立投資が非課税になります。

私が投資初心者の方につみたてＮＩＳＡをお勧めする理由は、対象になっている商品が「長期・分散・積立」を実現しやすい商品に限定されているからです。２０２３年２月９日時点では、つみたてＮＩＳＡの対象商品は２２１本となっています。

私がお勧めするインデックスファンドというタイプの投資信託の場合、主に以下の条件を満たすものがつみたてＮＩＳＡの対象となっています。要は低コストで長く運用を続けられる商品がラインナップされているのです。

- 主な投資対象に株式を含んでいる
- 販売手数料がゼロ
- 信託報酬が一定以下
- 信託契約期間が無期限もしくは20年以上ある

つみたてNISAを始めるには、金融機関で専用口座(以下、「つみたてNISA口座」)を開設する必要があります。つみたてNISA口座は1人1口座しか持てないので、どの証券会社で手続きをするかを決めておかなくてはいけません。

ネット証券であれば、インターネットから申し込みを行うことができますが、すぐに口座が開設されるわけではありません。証券会社から税務署に申請を行い、その審査をクリアするまでに1~2週間程度の時間がかかります。

ちなみに、税務署による審査は、年齢や、複数の金融機関で申請されていないかなどをチェックするもので、通常は落ちることはありません。その後、無事につみたてNISA

口座が開設できたら、あとは投資信託を選び、積立投資の設定を行うだけです。

◇ｉＤｅＣｏはすぐに節税効果が出せる

次にｉＤｅＣｏのしくみを説明します。ｉＤｅＣｏとは、正式名称の「個人型確定拠出年金」から読み取れるように、個人でお金を出して作る年金のこと。いわゆる「じぶん年金」です。

ｉＤｅＣｏに加入すると、毎月一定のお金を掛金として支払い、これを運用した金額を原則60歳以降に受け取れます。

前にも説明したようにｉＤｅＣｏの掛金をどのように運用するかは、自分で選択できます。金融機関ごとにｉＤｅＣｏの運用商品を複数用意しており、これを大きく分けると「元本確保型(定期預金・保険)」と「価格変動型(投資信託)」の２種類になります。

この２つのうち、できれば投資信託を選ぶようにしましょう。というのも、**元本確保型は利益を得るという意味では力不足であり、運用益が非課税になるメリットが十分に活かされない**からです。

投資信託で長期的に投資を続ければある程度確実にリターンを狙えます。しかも、運用益は非課税なわけですから、iDeCoのメリットを活かすなら価格変動型が合理的です。

なお、**どうしても価格変動型では不安という場合は、価格変動型と元本確保型を組み合わせる方法があります。**たとえば投資額の半分を価格変動型にして、残りを元本確保型にするといった形です。

◆つみたてNISAとiDeCoの使い分け

つみたてNISAとiDeCoは併用できるので、お金に余裕があればどちらも活用したいところです。たとえば勤務先に企業年金がない会社員の場合、iDeCoとつみたてNISAを最大限使うと月々5万6000円ほど投資できます。仮にこれを20年間、平均利回り5％で運用したとすると運用益は約960万円。本来はこの20・315％が税金として取られるはずですが、非課税になります。

ただ、すぐにそれだけのお金を出せないという場合、どちらか一方を選ぶか、併用しつつ積立額を抑えることになるでしょう。この場合、つみたてＮＩＳＡとｉＤｅＣｏの違いを踏まえて考える必要があります。

これら2つの制度はそれぞれ一長一短があり、「こちらを絶対に優先すべき」とは言えません。

単純な節税効果は、普通はiDeCoのほうが高くなります。というのも、第3章で説明したように、ｉＤｅＣｏの掛金は全額「小規模企業共済等掛金控除」の対象となり、所得税や住民税の計算上、差し引くことができるからです。

たとえば年間50万円をｉＤｅＣｏの掛金として出した場合、その人の課税所得から50万円が差し引かれるので、税金が少なくなります。50万円に税率を掛けた分だけ減税されるということです。

しかし、つみたてＮＩＳＡの投資額は、税金の計算に影響しません。ｉＤｅＣｏのように、投資額がそのまま節税効果につながらないのです。

また、運用益が非課税という点はつみたてＮＩＳＡもｉＤｅＣｏも同じなのですが、**つ**

みたてＮＩＳＡの非課税期間は20年間を超えることはありません。ｉＤｅＣｏの場合、加入するタイミングにもよりますが、たとえば30歳で加入すれば、60歳以降にお金を受け取るまでの30年間ずっと非課税です。

さらに、ｉＤｅＣｏの受け取り時期は、加入から10年以上経過していれば60歳から75歳まで任意で決めることができます。ということは、たとえば60歳を過ぎても仕事を続ける人は、そのときも所得控除を受けつつ、非課税で運用を続けられるということです（ただし、この点については今後の制度改正により解決される予定です。詳しくは後述しますが、２０２４年以降、つみたてＮＩＳＡの投資可能期間が無期限になります）。

最後に、**受取時の税金について。こちらはつみたてＮＩＳＡのほうが有利です。**つみたてＮＩＳＡで運用した投資信託を現金化して受け取ったときは、税金は一切かかりません。ｉＤｅＣｏで60歳以降に受け取る給付金は、一括給付であれば退職所得、分割給付であれば雑所得の扱いになり、所得税や住民税の対象になります。とはいえ、受け取り時の税負担も抑えられるようになっています。

総合的に考えれば、掛金が所得控除になるｉＤｅＣｏのほうが節税効果は高いと考えられますが、つみたてＮＩＳＡにも優れた点があります。それは、家計の状況に合わせて柔軟に利用できる点です。

ｉＤｅＣｏの場合、いったん利用をはじめると、原則として60歳以降の受け取り開始時期まではお金を戻せません。そのため、掛金をあまり多くかけると、いざというときに困る可能性があります。

たとえば転職により収入が減ったり、教育費や医療費などの支払いが必要になったりして、急にお金が必要になったときのことを考えてみてください。そのとき、ｉＤｅＣｏにいかに多くのお金を積み立てていたとしても、これを引き出すことはできないのです。

また、ｉＤｅＣｏの掛金を減らして急場をしのぐことは可能ですが、掛金は最低５０００円と決められています。そして、掛金の減額ができるタイミングは1年に一度きりなので、次の変更日まで待たなくてはいけません。

この点、**つみたてＮＩＳＡの場合、月々の積立額はすぐに変更できます**。金融機関によっては月額１００円まで落とせるので、家計が厳しいときは助かることでしょう。

そして、つみたてＮＩＳＡは非課税期間の途中であっても解約して現金化できます。長期投資を守るために、解約は最後の手段にすべきですが、本当に困ったときは検討してもいいと思います。積み立てた投資信託の全額を解約せず、一部だけを解約するということも可能です。

このような違いがあるので、iDeCoを利用する場合は、月々の掛金の設定をより慎重に行う必要があります。投資でリターンを得るためには多く積み立てたいところですが、家計の変動も踏まえて考えなくてはいけません。

もしどちらか一方にしようとして迷うのであれば、まずはつみたてNISAにしておくことをお勧めします。そこで積立投資を経験し、家計に無理がないことを確認できたら、つみたてNISAからiDeCoに切り替えてもいいでしょう。

◇2024年からつみたてNISAがパワーアップ

現在のルールでは、つみたてNISAの非課税期間は最長20年となっています。したがって、20年後には現金化するか、課税口座に移行する必要があります。課税口座に移行した後は、運用益は非課税にならず約20％の税金がかかります。

このデメリットが、２０２４年１月にスタートする新しいＮＩＳＡ制度（以下、「新ＮＩＳＡ」）で解消される予定です。

新ＮＩＳＡでは非課税期間が無期限となっており、新ＮＩＳＡ口座内で運用を続ける限り、ずっと税金がかかりません。また、現在のつみたてＮＩＳＡで口座開設できるのは２０２３年までとなっていますが、新ＮＩＳＡにはそのような期限はなく、いつでも口座開設できます。

年間投資可能額についても、新ＮＩＳＡはパワーアップします。

新ＮＩＳＡには、従来のつみたてＮＩＳＡに相当する「つみたて投資枠」と、個別株投資などに対応する「成長投資枠」という2つの枠があります。

つみたて投資枠は年間１２０万円、成長投資枠は年間２４０万円が限度で、これらの枠を併用できるため、最大で年間３６０万円まで投資をすることが可能です。

現状のつみたてＮＩＳＡの限度額が年間40万円であることを考えると、新ＮＩＳＡの限度額はかなり増えたと言えるでしょう。

ただし、新ＮＩＳＡには、非課税保有限度額という枠組みがあり、１人が生涯で使える

図表4-7 2024年以降の「新NISA」のしくみ

	つみたて投資枠（併用可）	成長投資枠
年間投資枠	120万円	240万円
非課税保有期間	無期限化	無期限化
非課税保有限度額（総枠）	1,800万円 ※簿価残高方式で管理（枠の再利用が可能）	1,200万円（内数）
口座開設期間	恒久化	恒久化
投資対象商品	積立・分散投資に適した一定の投資信託	上場株式・投資信託等
対象年齢	18歳以上	18歳以上
現行制度との関係	2023年末までに現行の一般NISA及びつみたてNISA制度において投資した商品は、新しい制度の外枠で、現行制度における非課税措置を適用 ※現行制度から新しい制度へのロールオーバーは不可	

出所：金融庁ホームページ（一部省略）
https://www.fsa.go.jp/policy/nisa2/about/nisa2024/index.html

非課税枠は１８００万円まで（この内、成長投資枠は１２００万円まで）となります。

新ＮＩＳＡがスタートすると、これまでよりも投資で資産を増やしやすくなります。投資の判断は慎重に行う必要がありますが、老後資金や教育費、自宅の購入費などの将来の大きな出費に備えるために新ＮＩＳＡの活用を検討するといいでしょう。

賢い確定申告のやり方

副業などで収入を増やそうとするなら、確定申告のやり方を理解しなくてはいけません。初めての人にとっては難しいかもしれませんが慣れると簡単です。ここからは無料でできる効率的な確定申告のやり方や、納税方法ごとのメリット・デメリットを説明します。

◆国税庁ホームページから確定申告書を作る

確定申告書を作成するときは、前にもお伝えした**国税庁ホームページの「確定申告書等作成コーナー」が便利**です。このシステムの案内にしたがって、源泉徴収票などの内容を入力すると、税額を自動的に計算してくれ、申告書の作成まですべて完結できます。

あとは確定申告書の提出を行うわけですが、このときは以下の３つの方法があります。

図表4-8 国税庁ホームページの「確定申告書等作成コーナー」の画面

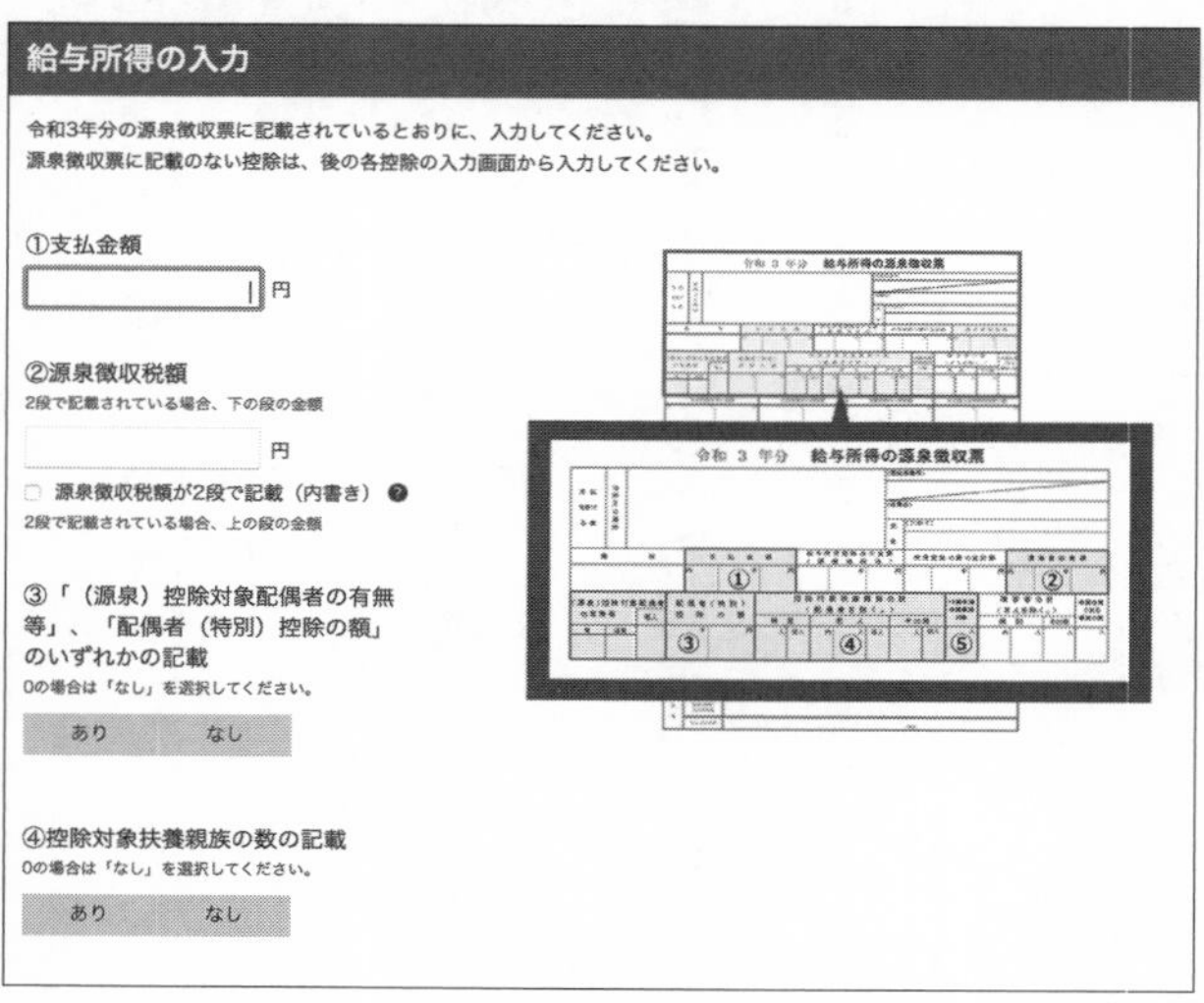

給与所得の入力
令和3年分の源泉徴収票に記載されているとおりに、入力してください。
源泉徴収票に記載のない控除は、後の各控除の入力画面から入力してください。
①支払金額
円
②源泉徴収税額
2段で記載されている場合、下の段の金額
円
源泉徴収税額が2段で記載（内書き）
2段で記載されている場合、上の段の金額
③「（源泉）控除対象配偶者の有無等」、「配偶者（特別）控除の額」のいずれかの記載
0の場合は「なし」を選択してください。
あり
なし
④控除対象扶養親族の数の記載
0の場合は「なし」を選択してください。
あり
なし
令和 3 年分 給与所得の源泉徴収票
①
②
③
④
⑤

1　所轄の税務署に直接持参する
2　e-Taxを利用する
3　所轄の税務署に郵送する

確定申告書の内容に不安がある人は1を選びたくなるかもしれません。たしかに、間違いがあっては困りますから、税務署の職員に見てもらいたいという気持ちは分かります。でも、これはあまりいい方法ではありません。

というのも、確定申告の時期の税務署は非常に混み合っており、職員がじっくりと申告書をチェックできる状況ではないからです。

また、最初から必要な書類をすべて持参しなければ、何度も税務署を訪ねることになるので、時間や手間がかかります。

そういった意味では、**確定申告に関する疑問は国税庁の電話相談センターやチャットボットサービスを利用して解決し、税務署に行かずに確定申告を終えるほうが効率的です。**

税務署に行かずに確定申告をするには、ｅ－Ｔａｘか郵送を使うことになりますが、**インターネットが使える人はぜひｅ－Ｔａｘにチャレンジしてみてください。**ｅ－Ｔａｘなら切手や封筒などを用意する必要がなく、自宅から確定申告を終えることができます。しかも、青色申告をしている人であれば、青色申告特別控除が増える節税効果もあります。

すでに説明したように、青色申告特別控除の控除額を最高の65万円にするには、ｅ－Ｔａｘか電子帳簿保存を行わなくてはいけません。このうち電子帳簿保存は、システムの準備や優良な電子帳簿保存に関する届出などが必要なのでハードルが高く、ｅ－Ｔａｘを行うほうが手軽です。

青色申告の人がｅ－Ｔａｘで事業所得を申告すると、ｅ－Ｔａｘを使わない場合よりも

図表4-9 青色申告の人がe-Taxを使うと「青色申告特別控除額」が増える

適用条件／青色申告特別控除額	複式簿記	貸借対照表と損益計算書	期限内に申告	e-Taxまたは電子帳簿保存
65万円	○	○	○	○
55万円	○	○	○	—
10万円	（単式簿記）	—	—	—

青色申告特別控除を10万円増やせます。控除が10万円増えるということは、税率を加味すると、所得税は年間5000～4万5000円、住民税は年間1万円を節約できる計算です。これが毎年続くわけですから、使わない手はありません。

e-Taxを使ったことのない人は、「難しいのでは」と思われるかもしれません。でも、使い慣れれば、むしろスムーズに確定申告をすることができます。

初めてe-Taxを利用するには、準備が必要です。たとえばインターネットに接続できるパソコンまたはスマートフォン、マイナンバーカード（電子証明書）などを用意する必要があります。また、事前にe-Taxの開始届出書を税務署に提出し、利用者識別番号と呼ばれるナンバーを取得しなくてはなりません。
必要なパソコンのスペックなどは国税庁ホームページから確認できますので、e-Taxを使える環境を整えることから進めていきましょう。

◇納税方法の選び方

確定申告をすると、還付金がもらえるケースだけでなく、納税が必要になるケースもあります。あらかじめ源泉徴収で差し引かれた税額よりも、確定申告により算出された税額が高ければ、納税が必要です。所得税の納税の期限は、確定申告の期限と同じ（毎年3月15日。ただし、土曜日または日曜日にあたるときは、その翌日）です。

このときに注意したいのが、**「納税は自ら手続きを行う必要がある」**ということです。私が税務署の職員だった頃、「確定申告書を出したから、税務署から納付の案内が来ると思って待っていた」という方が何人かいらっしゃいました。しかし、そのような案内は通常行われません。

ですから、期限までに自分自身で納税手続きをする必要があるのですが、このときの手続きには複数の選択肢があります。**振替納税やクレジットカード納付の場合、3月15日までに納税の手続きをしておけば、引き落としが3月15日を過ぎても期限内納付として扱われます。**万が一期限内に納税資金を用意できない場合は、こうした方法を使うといいでしょう。

1　窓口納付

納税する金額を「納付書」に記載し、現金と合わせて金融機関や税務署の窓口に持参する方法です。30万円以下の税額であれば、国税庁ホームページからQRコードを出力し、コンビニにQRコードを持参して納税することもできます。

2　振替納税

銀行口座から税額を自動引落としとしてもらう方法です。引き落とし日は3月15日ではなく、4月20日頃に引き落とされるので、納税に若干の猶予(ゆうよ)ができます。振替納税をするには、納税の期限日までに「口座振替依頼書」という書面を税務署に提出しておく必要があります。この書面を一度提出しておけば、その後も同じ税務署で確定申告をする場合は振替納税できます。

３　インターネットで納税

納税者名義の預貯金の口座からインターネットバンキングで納税をする方法です。自宅から納税できる点は便利ですが、事前にｅ-Ｔａｘの利用開始手続きなどが必要となります。

４　クレジットカード納付

ご自身のクレジットカードで納税をする方法です。「国税クレジットカードお支払サイト」という専用サイトで手続きをします。クレジットカードの規定によってポイントがつくのがメリットですが、手数料がかかる点がネックです。ポイントの還元率の高いクレジットカードを使うようにしましょう。

◆税金の相談をする手順

税金に関する情報は国税庁ホームページなどで調べることができますが、確定申告に不

図表4-10 音声案内による確定申告電話相談センターへの接続の流れ

所轄の税務署に電話をかける

音声案内に従い、「0」を選択する

確定申告電話相談センター
（オペレーター、税理士、国税局の職員が対応）

慣れな人は必要な情報にたどり着けない可能性が高いです。

こうしたとき、疑問を解決するためにいきなり税務署を訪ねるのは勧められません。税金の相談をしたくなるのは、多くの場合は2月から3月にかけての確定申告シーズンになるでしょう。前述のとおり、この期間は税務署の中や外部施設に相談会場が設けられますが、非常に混雑します。長時間待って相談をしたのに、書類が足りずにまた来訪しなければいけなくなることも考えられます。

そのため、まずは電話かチャットボットサービスを使って、疑問点を解決するのがスムーズです。

電話をかける場合は、どの税務署の電話番号にかけても、まず自動応答による案内が流れます。ここで「0」をプッシュすると、確定申告電話相談センタ

図表4-11 国税庁ホームページの税務相談チャットボット「ふたば」

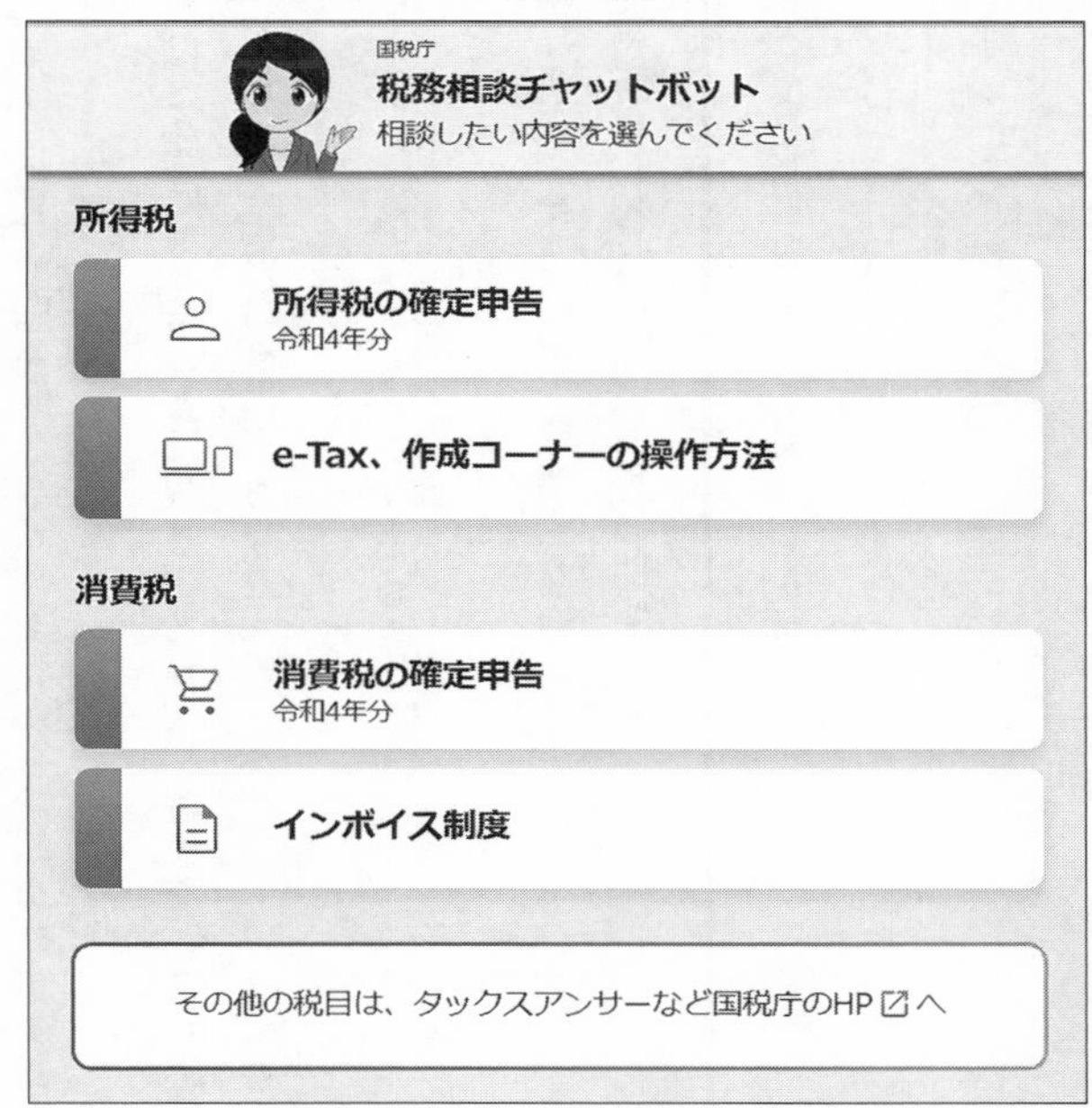

ーにつながります。このセンターには電話相談に専門対応する職員が常駐しているので、すぐに相談に対応してもらえます。

また、2020年10月に国税庁ホームページに導入された、チャットボット「ふたば」を使って、疑問点を解決する方法もあります。スマホやパソコンでふたばのページを開いて疑問点を書き込むと、関連する情報を探してくれます。自分で国税庁ホームページから情報を探すよりもスムーズです。

ふたばに相談できることは限りがあり、相続税などは対応していませんが、一般的な確定申告の相談であれば問題ありません。

〈所得税に関するふたばが対応可能な相談〉

- 確定申告の手続に関すること
- 給与所得、年金の所得に関すること
- 配当所得、株式の譲渡所得に関すること
- 不動産の譲渡所得に関すること
- 医療費控除、住宅ローン控除に関すること
- その他の控除に関すること
- e-Taxや確定申告書等作成コーナーの操作に関すること
- 税制改正に関すること

確定申告のペナルティ

節税という意味では、**確定申告に関するペナルティを避けることも大切です。**申告内容に誤りがあったり、期限に遅れたりすると、本来の税金以上のペナルティがついてしまいます。

◇申告誤り・期限遅れは加算税の対象

確定申告に関するペナルティは、大きく分けて「加算税」と「延滞税」という2つのタイプがあります。加算税は申告の不備に対するペナルティで、延滞税は納税の不備に対するペナルティです。

まずは加算税について詳しく説明しましょう。加算税には次の3種類があります。

1　過少申告加算税

過少申告（本来の税額よりも少ない税額で申告）であったため、申告のやり直し（修正申告）をした場合などに課せられるもの。

2　無申告加算税

無申告（確定申告の期限までに申告していない）であったため、申告期限後に申告（期限後申告）をした場合などに課せられるもの。

3　重加算税

意図的に少なく申告するなど、「仮装・隠蔽」があった場合に課せられるもの。

この3つの加算税のうち、もっとも重たいペナルティが重加算税です。重加算税はいわゆる脱税行為が発覚した場合に課される追徴税です。

たとえば意図的に売上を隠すなどして、100万円分税額を過少に申告したとしましょう。このことが発覚した場合、納めていない１００万円の所得税に加えて、重加算税として35万円がかかります。また、過去5年以内に無申告加算税や重加算税を課されたことがある場合は、重加算税の税率を10％加算する措置があるので、状況によっては重加算税が45万円に増えます。

過少申告加算税や無申告加算税は、脱税行為ではなく、うっかりミスなどにより申告漏れが起きた場合のペナルティです。過少申告加算税は最大15％、無申告加算税は最大20％の割合で、税金が加算されます。

覚えておきたいのは、**「過少申告加算税よりも無申告加算税のほうが負担が重い」**という点です。つまり、申告内容の間違いよりも、期限遅れに対する加算税のほうが高く設定されているのです。

そういった意味では、どうしても期限内に正しく確定申告をできそうにないときは、仮計算でもいいので期限内に確定申告書を出しておくべきです。こうすることで、無申告加算税が課されることがなくなります。

さらに、**自ら正しい内容で確定申告のやり直し（修正申告）をすれば、過少申告加算税が**

免除される取り扱いがあります。税務署から指摘されてから修正申告をすると過少申告加算税がかかるので、できるだけ自主的に修正申告を行うようにしましょう。

◆納税が遅れると延滞税がかかる

たとえ正しい内容で期限内に確定申告を行ったとしても、納税が遅れれば「延滞税」という別の追徴税が課されます。延滞税は、納税が遅れた日数に応じて増えていくタイプの追徴税です。

期限内に確定申告をしておいたほうがいいのは、延滞税の側面からも言えます。なぜなら、**たとえ税額が間違えていたとしても、期限内に確定申告をして、その金額を納税しておけば、未納の税額を少なくすることができる**からです。

たとえば、所得税80万円で確定申告をして納税をしていたとしましょう。このときに正しい税額が100万円だったのであれば未納税額は20万円ですので、延滞税は20万円を基準に計算されます。

ところが、期限内にまったく申告をしていなかったら、当然納税もできませんから、結果的に100万円がまるごと未納になります。すると、延滞税は100万円をベースに計算されるのです。

ここまでの話をまとめると、確定申告の不備に対するペナルティには過少申告加算税、無申告加算税、重加算税があります。そして税金の未納に対するペナルティは延滞税です。

これらペナルティを少しでも少なくしたいのであれば、**まずは期限内に確定申告をすることを徹底してください。**もし内容に自信がないときでも、ひとまず期限内に確定申告をしておいて、できるだけ早めに自主的に修正申告をするとペナルティを最小限に抑えることができます。

◇税務調査が行われるケース

加算税や延滞税などのペナルティは、主に税務調査をきっかけとして課されます。

税務調査というと「怖い」「責められる」といった印象があるかもしれませんが、税務職員としては、脅(おど)すような気持ちはまったくありません。税務調査の目的は「情報を確認する」ことにあります。

たとえば副業で得た所得の確定申告をしたとしましょう。このとき、売上金額や必要経費の内訳などの数字を税務署に知らせることになりますが、数字の裏付けとなる領収書などは提出しません。

そのため、確定申告書の数字を見て、税務職員が「売上が少なく記載されているのでは？」「必要経費が多すぎる」といった疑念を抱けば、税務調査が行われることになります。とはいえ、疑わしい人に対して、すべて税務調査を行うわけにはいきません。税務職員の数にも限りがあるので、ある程度は、申告誤りが確実なものをピックアップすることになります。

ここで活用されるのが、国税総合管理（KSK）システムというものです。KSKシステムは、国税庁や全国の国税局、税務署が利用しているもので、過去の申告実績をはじめ、税務調査に活用できる情報が集約されています。

このKSKシステムの情報と、確定申告書に書かれている情報を照合すると、申告誤りの疑いが見えてきます。たとえば、「同業他社と比べて明らかに売上が少ない」「前年までの実績からすると、もっと所得があるはず」といったことが分かるのです。

また、給料や報酬などを支払っている会社は、税務署に対して「法定調書」という形で、支払先や支払額などの情報を報告しています。その情報もＫＳＫシステムに登録されていますから、「この人はＡ社から１００万円の報酬を得ているはずなのに、申告がない」といった判断も可能になります。

「税務調査」と一言で言っても、複数のタイプが存在します。税務職員が自宅などに来る場合もあれば、逆に税務署に呼び出される場合もあります。

初めて税務調査を受ける人は緊張すると思いますが、落ち着いて対応すれば大丈夫です。職員の求めに応じて説明をしたり資料を見せたりするのが基本的な対応となり、問題がないことを確認できれば、調査は終了します。

ちなみに、税務調査のとき、いきなり「○月○日の取引について教えてください」といったピンポイントの質問が来るわけではありません。まずは「確定申告に関する帳簿を見せてください」と言われるのが一般的です。帳簿などをひととおり確認した後に、具体的な質問が来ます。

納税者本人への税務調査の後に、取引先や取引金融機関などを調べられる可能性もあります。本人に聞いても欲しい情報を得られなかったときや、本人の説明が疑わしいときなどに行われるもので、「反面調査」といいます。

税務職員がこうした反面調査を行うことは、法律で認められています。税務職員にも守秘義務があるので、反面調査の相手に必要以上のことは話しませんが、やはり取引先などとの信頼関係に影響する可能性があるので、できるだけ避けたいところです。

その意味でも、普段から帳簿や領収書などの情報をきちんと整理しておき、税務調査が行われたときにしっかり説明できるようにしておくべきです。

そして、一番やってはいけないのが、税務調査の場で、慌てて嘘をつくことです。税務調査をしている時点で、税務職員はある程度の情報をもっているので、嘘をつかれると分かります。

嘘をついていることがバレると、その後の反面調査などに影響し、税務調査は長期化します。場合によっては、「意図的に税金逃れをした」という判断となり、重加算税を課される事態にもなりかねません。

第5章

退職金・年金・相続・贈与
——シニア向けの節税方法

退職金にかかる税金

本書も最後の章になりました。この章では、退職金や年金、相続など、どちらかといえばシニア向けの節税方法をお伝えします。

まず考えたいのが退職金についての税金のルールです。退職金には、長年の勤労に報い(むく)ることや、老後の生活保障という意味合いがあるので、他の所得よりも税金が優遇されています。

◆勤続年数が長いほど税金が減る

退職金は、一括で受け取るときは退職所得、分割払いなら雑所得となり、所得税や住民

税がかかります。

課税退職所得は、次のように計算を行います。

課税退職所得＝（退職金－退職所得控除）×１／２

そして、**退職所得控除**は、勤続年数にしたがって、以下の計算式で求められます。

〈勤続年数20年以下〉
40万円×勤続年数
（80万円に満たない場合には、80万円）

〈勤続年数20年超〉
８００万円＋70万円×（勤続年数－20年）

図表5-1 退職金にかかる所得税及び復興特別所得税の源泉徴収税額の計算方法（2022年分）

【計算例】30年勤務した人が退職金を 2,500万円受け取った場合

退職所得控除額は　800万円＋70万円×（30年-20年）＝1,500万円

課税退職所得金額は　（2,500万円－1,500万円）×$\frac{1}{2}$＝500万円

所得税額は　500万円×20％－42万7,500円＝57万2,500円

所得税及び復興特別所得税の額は　57万2,500円＋（57万2,500円×2.1％）＝58万4,522円

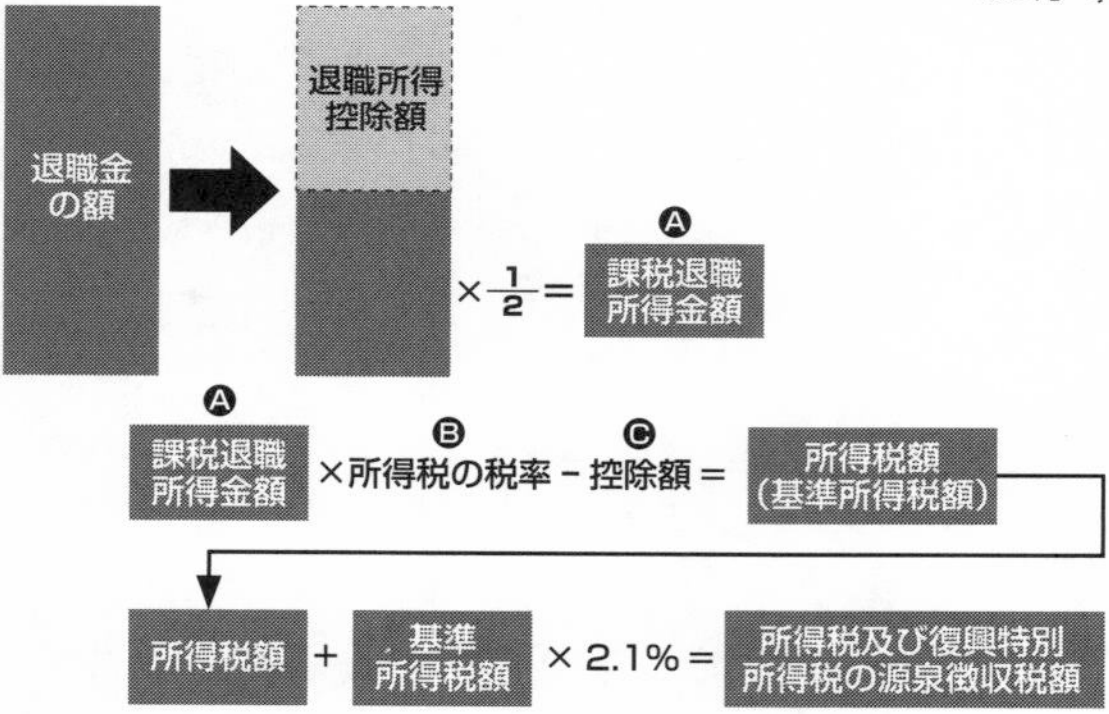

退職金の額 → 退職所得控除額 ／ （残り）×$\frac{1}{2}$＝ Ⓐ課税退職所得金額

Ⓐ課税退職所得金額 ×Ⓑ所得税の税率 －Ⓒ控除額 ＝ 所得税額（基準所得税額）

所得税額 ＋ 基準所得税額 × 2.1％＝ 所得税及び復興特別所得税の源泉徴収税額

出所：国税庁ホームページ
https://www.nta.go.jp/publication/pamph/koho/kurashi/html/02_3.htm

たとえば勤続40年で退職をしたとします。この場合、退職所得控除額は２２００万円ですから、退職金が２２００万円以下であれば税金がかかりません。

退職金の受取額が退職所得控除額を超えた場合は、超えた金額の１／２に所得税と住民税がかかります。仮に勤続年数30年で２０００万円の退職金をもらったとすると、所得税と住民税を合わせた納税額は40万円ほど。これは、給料などにかかる税金に比べると圧倒的に低い税負担率です。

第1章で説明したとおり、定年まで勤務したサラリーマンの退職金の平均額は２０００万円を下回るので、多くの場合は退職金に税金がかかることはないでしょう。

覚えておきたいのは、**退職の予定が決まったら、退職するまでに必ず「退職所得の受給に関する申告書」という書面を会社に出しておく**ことです。これをしておけば、退職所得控除などを加味した正しい金額で所得税の源泉徴収が行われます。退職金よりも退職所得控除額のほうが多ければ、税金が差し引かれることなく、全額を受け取ることができます。

でも、書面を提出せずに会社を退職すると、一律で退職金の約20％の所得税が源泉徴収されてしまいます。この場合、取られすぎた所得税の還付を受けるためには、確定申告をしなくてはいけません。

◇iDeCoで退職金を増やす

退職金に関する税金は優遇されていますが、第1章で説明したように日本人の退職金は下がり続けています。ということは、退職金の節税メリットを十分に受けられない人もいるはずです。

そこで考えたいのが、「自ら退職所得を増やす」ということ。具体的には、個人型確定拠出年金(iDeCo)や企業型確定拠出年金(企業型DC)を使って、退職所得を増やすことが有効です。

第3章で説明したように、iDeCoや企業型DCには、掛金の全額が所得控除になることや、運用益が非課税になるメリットがあります。これに加えて、60歳以降に受け取るときにも税金が優遇されます。

iDeCoと企業型DCは一括受け取りと分割受け取りを選べるのですが、一括受け取りにすると退職所得として扱われます。すると、退職所得控除が使えますから、**会社からもらえる退職金が少なく、退職所得控除に余りが出るような場合、iDeCoや企業型D**

Cを一括受け取りにするといいでしょう。控除額を超えたとしても課税対象は2分の1だけで済みますので、安心です。

さらに節税効果を高める方法もあります。それは、**会社から退職金をもらう時期と、iDeCoや企業型DCの給付金を受け取る時期をずらす**という方法です。

退職金と給付金を同じ年に受け取った場合、これらを合算したうえで退職所得の計算を行います。すると、退職所得控除を使い切り、税額が発生するおそれがあります。

そこで受け取り時期をずらすことが有効なのですが、このときは**「先に給付金を受け取り、5年以上経ってから退職金を受け取る」**のがポイントです。これは働き方によるところですが、可能であればiDeCoや企業型DCの給付金を60歳で受け取り、退職金を65歳以降で受け取るような形がベストです。この順序で受け取ることで、給付金と退職金のそれぞれに退職所得控除が適用され、課税額が少なくなります。

◇退職金の分割受け取りは不利

会社によっては退職金を一括ではなく、分割払い（年金方式）で受け取ることができます。

図表5-2 公的年金等控除

公的年金等に係る雑所得以外の所得に係る合計所得金額が1,000万円以下			
年金を受け取る人の年齢	公的年金等の収入金額の合計額	割合	控除額
65歳未満	(公的年金等の収入金額の合計額が60万円までの場合は所得金額はゼロとなる)		
	60万1円から129万9,999円まで	100%	60万円
	130万円から409万9,999円まで	75%	27万5,000円
	410万円から769万9,999円まで	85%	68万5,000円
	770万円から999万9,999円まで	95%	145万5,000円
	1,000万円以上	100%	195万5,000円
65歳以上	(公的年金等の収入金額の合計額が110万円までの場合は所得金額はゼロとなる)		
	110万1円から329万9,999円まで	100%	110万円
	330万円から409万9,999円まで	75%	27万5,000円
	410万円から769万9,999円まで	85%	68万5,000円
	770万円から999万9,999円まで	95%	145万5,000円
	1,000万円以上	100%	195万5,000円

また、iDeCoや企業型DCによる給付金も一括ではなく分割受け取りを選択できます。

この場合、退職所得ではなく公的年金の扱いになり、税金の計算方法が大きく変わります。また、**公的年金は雑所得に該当するのですが、副業などの雑所得とは違う流れで計算を**する点も要注意です。

公的年金の所得計算は、年金の受取額に、分割受け取りの退職金やｉＤｅＣｏ、企業型ＤＣの給付金を合算したうえで、**「公的年金等控除」**を差し引いて計算します。この公的年金等控除は、給与所得控除と同じように、収入金額に応じて自動的に算出されます。また、65歳未満と65歳以上で、控除の計算が変わります。

たとえば65歳未満の人が、１年間に公的年金１００万円と退職金の分割金１００万円を受け取った場合、公的年金等控除は２００万円×75％－27万５０００円＝１２２万５０００円です。差し引きした77万５０００円が雑所得となり、課税対象となります。

退職金や、ｉＤｅＣｏとＤＣの給付金を受け取るときは、基本的には分割よりも一括で受け取ることをお勧めします。多くの場合、公的年金等控除額よりも退職所得控除額のほうが大きくなるからです。

また、**退職金を分割で受け取ると、後述する公的年金等の確定申告不要制度を使わない限り、毎年確定申告をすることになる**のでやはり面倒ですから、「一括で受け取るとすぐに使い切ってしまいそう」といった特別な事情がなければ、一括受け取りを選ぶのが無難です。

年金にかかる税金

会社を退職して年金生活になると、会社で行っていた年末調整ができなくなるので、自ら確定申告を行う必要が出てきます。しかし、確定申告を免除されるケースもあるので、自分で判定できるようにしておきましょう。

◇公的年金の税金のしくみ

公的年金が支払われるとき、65歳未満で108万円、65歳以上で158万円を超える金額を受け取れる人は、源泉徴収されます。ここで差し引かれている税額は、給料の源泉徴収と同様に仮計算によるものですから、1年に一度、確定申告で精算する必要があります。

確定申告できちんと計算をすると、人によって納税になる場合もあれば、還付金が出る場合もあります。源泉徴収された税額よりも本来の税額が多ければ納税、逆であれば還付という形です。

これは実際に計算してみなければ分かりませんが、基本的には、年金収入の高い人や複数のタイプの年金がある人ほど納税が必要になる可能性が高いです。たとえば、厚生年金に加え、退職金を年金払いで受け取るような場合、それらを合算すると所得税の税率が高くなるので、納税額が生じるのです。

逆に還付金がもらえる可能性が高いのは、控除額が多い人です。**多額の医療費を支払った場合（医療費控除）や、災害や盗難に遭った場合（雑損控除）など、所得控除などを使える人は、確定申告をすれば還付金をもらえる可能性があります。**

◆年間400万円未満なら確定申告をしなくてもいい

先ほど説明した公的年金の税金のしくみと合わせて、「確定申告不要制度」のことも押さえておきましょう。この制度は、その名称のとおり、公的年金等の収入について確定申告を省略することができるというものです。

この制度を受けられるのは、次の２つの条件を満たした人です。

1　公的年金等の収入金額の合計額が400万円以下
2　公的年金等に係る雑所得以外の所得金額が20万円以下

簡単に言えば、**「1年間の年金収入が400万円以下で、その他に20万円超の所得がなければ、確定申告をしなくてもいい」**ということです。

まだ年金をもらっていない年代の人は年金収入400万円という金額にピンと来ないかもしれませんが、年金でこれだけの収入を得られる人は多くありません。

厚生労働省年金局が公開している「令和3年度厚生年金保険・国民年金事業の概況」によると、年金支給額は、国民年金が平均月額5万6000円ほど、厚生年金は平均月額14万6000円ほどですから、一般的には公的年金等の収入が400万円を超えることはないでしょう。

確定申告不要制度を使えば、確定申告を行う手間がなくなり、源泉徴収以外の所得税の納税も免れます。年金をもらえる年齢になったら、まずは1年毎（ごと）に確定申告不要制度のル

図表5-3 年金受給者の「確定申告不要制度」

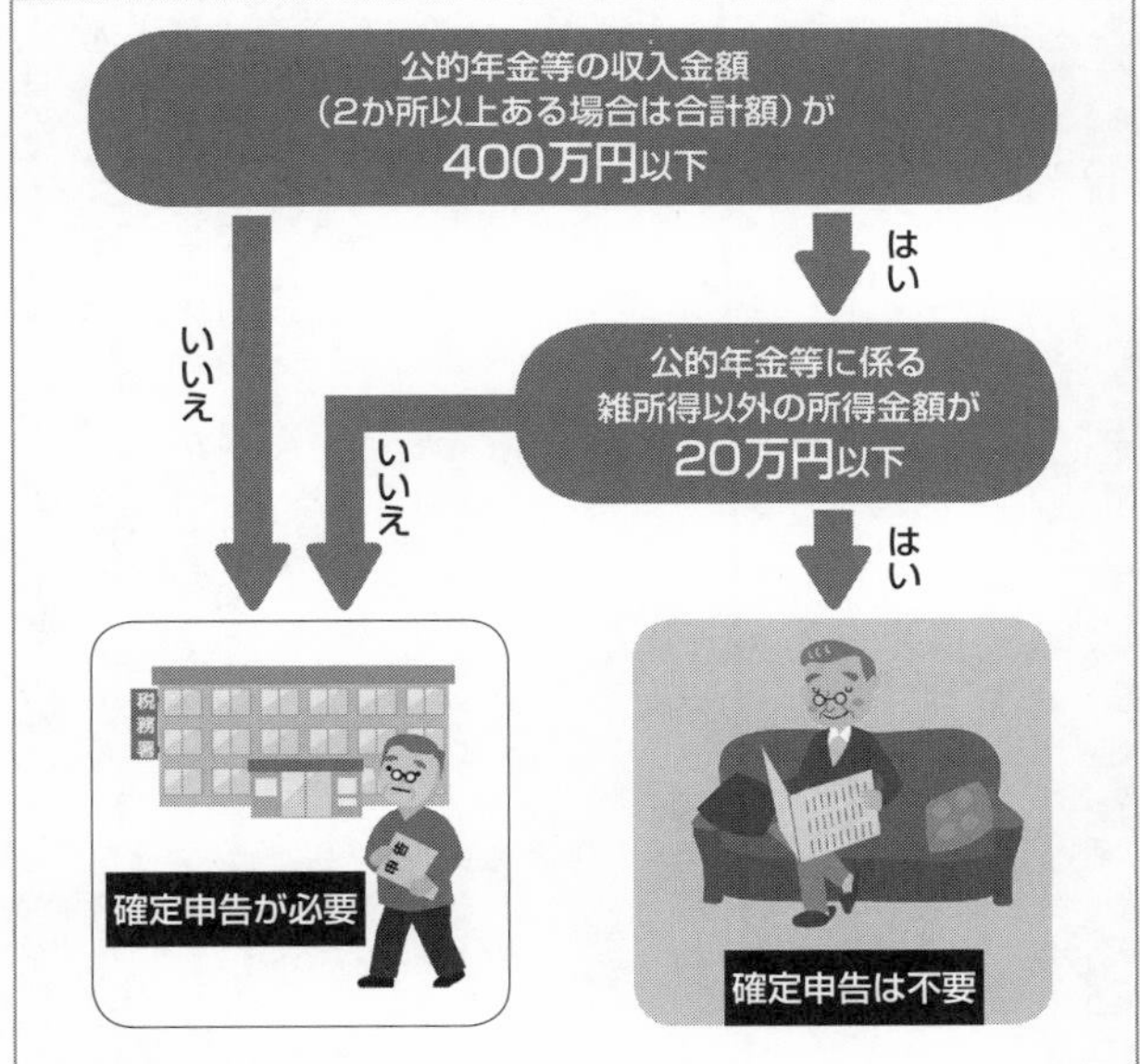

出所：政府広報オンラインをもとに作成
https://www.gov-online.go.jp/useful/article/201212/1.html

ールを見直して、自分が確定申告をすべきなのかを考える必要があります。

確定申告不要制度には2つの注意点があります。まずは、**還付金がもらえる場合は、確定申告をしたほうがいい**ということです。前述のとおり、控除が多い年は、確定申告不要制度の条件を満たしていても、あえて確定申告をすることで還付金をもらえます。

2点目の注意点は、**確定申告不要制度は所得税の制度であって、地方税の住民税には使えない**ということです。したがって、税務署への確定申告はいらなくとも、別途住民税の申告が必要になるケースがあるのです。この場合、お住まいの市区町村の役所で住民税の手続きを行ってください。

家を売ったときにかかる税金

第3章では、家を買うときの節税方法として住宅ローン控除について説明しました。住宅を売るときにも、節税効果の高い特例がいくつかあります。

住み慣れた家の売却を考えるときは、まずは税金がかかるのかを確認し、そのうえで有利な特例の条件を確認しておきましょう。

◇不動産を売るなら5年はもつべき

土地建物などの不動産を売却した場合、「譲渡所得」として所得税や住民税が課せられます。

この譲渡所得は、「譲渡収入－取得費－譲渡費用」という算式で求められます。**計算した結果がプラス、つまり売却益が出たなら税金がかかり、ゼロやマイナスになれば税金が**

かからないというのが基本です。

譲渡収入とは、主に不動産を売却したときの売却代金を指します。たとえば土地を1000万円で売却したのであれば、譲渡収入は1000万円。厳密には売却代金の他にも譲渡収入になるものがありますが、ひとまず「売値＝譲渡収入」とイメージしておきましょう。

次に、「取得費」とは、その名のとおり、不動産を取得するためにかかった費用のことで、購入代金の他、購入時に支払った手数料なども含まれます。**相続によって引き継いだ不動産であれば、もともとの所有者が購入したときの金額を取得費として引き継ぎます。**

このように、取得費は税額を抑えるために重要な要素になりますから、**不動産を買ったり家を建てたりするときは、契約書などは捨てずにもっておきましょう。**

取得費を計算するときに押さえておきたいのが、「減価償却」というルールです。建物の場合、老朽化（ろうきゅうか）によって価値が目減りするという考えから、**実際の購入費用から減価償却費を差し引いて残った金額しか取得費として認められません。**

減価償却費は、「建物を取得したときの費用×0・9」を基準に、構造（木造、鉄筋、他）

などに応じて計算されます。たとえば３０００万円で建てた木造の家を30年後に売ったとしたら、取得費はこのように計算されます。

〈減価償却費〉
３０００万円×０・９×木造物件の償却率０・０３１×30年＝２５１１万円

〈取得費〉
３０００万円－２５１１万円＝４８９万円

新築から何十年も経っている建物の場合、取得費として認められる金額は少なくなってしまいます。少なくとも譲渡収入の５％は取得費として計上できるルールがありますが、取得費５％ということは売った代金のほとんどが所得になるので、税金は高くなります。

「譲渡費用」も譲渡所得の計算で差し引けるものです。譲渡費用の代表例は、登記費用、仲介手数料、売買契約書に貼付した印紙代です。

このように、「譲渡収入」「取得費」「譲渡費用」を把握できたら、譲渡所得を計算できます。結果、譲渡所得がプラスになったなら、税率を掛けて税金を計算します。

譲渡所得にかかる税率は、所有期間によって２パターンに設定されています。**売却した年の１月１日時点において所有期間が５年を超えていれば長期譲渡所得、５年以下であれば短期譲渡所得と区分されます。次のとおり、長期と短期で税率に２倍近い差がありますから、**とくに急ぐ事情がなければ、長期譲渡所得になるのを待ってから売却をしたほうがいいです。

長期譲渡所得：所得税15・315％・住民税５％
短期譲渡所得：所得税30・63％・住民税９％

◆自宅の売却益は3000万円まで非課税

先ほど、譲渡所得がプラスになったら税金がかかると説明しましたが、**売却した物件を**

居住用に使っていた場合、節税効果の高い特例を使えます。

居住用の物件に使える特例はいくつかあるのですが、本書では代表的な「3000万円控除」について説明します。

3000万円控除は、譲渡所得が最大3000万円まで差し引けるという特例です。つまり、譲渡所得が3000万円以内であれば、この特例を使って税金をゼロにできます。

また、**譲渡所得が3000万円を超えたとしても、超えた部分について「軽減税率の特例」を使える可能性があります。**この特例も居住用の物件を売ったときに使えるもので、売った年の1月1日時点で、売った家屋と敷地の所有期間がともに10年を超えているなどの条件を満たせば、譲渡所得にかかる税率が下がります。

ただ、この2つの特例には大きな注意点があります。それは、**「住宅ローン控除と併用できない」**という点です。

たとえば、自宅を売却して、新居に買い替えたとしましょう。このとき、売った自宅に3000万円控除や軽減税率の特例を使い、買い替えた自宅に住宅ローン控除を使いたいと思っても、これは認められません。3000万円控除などの売却時の特例を使うか、住宅ローン控除を使うか、どちらかを選択しなくてはならないのです。

このどちらが有利かは収入などさまざまな要素に左右されるので一概には言えません。選択次第で税額に大きな差が出てくるおそれがあるので、できれば税理士にあらかじめ相談して判断するのが望ましいです。

◆実家が空き家になるときの対処法

3000万円控除は、基本的には所有者が住んでいた家を売った場合に使える特例です。ですから、たとえば一人暮らしだった親が亡くなって空き家になった家を売っても、本来は3000万円控除の対象にはなりません。

ただし、特例措置として、**2016年4月1日から2023年12月31日までの間に売った場合、親が住んでいた空き家に3000万円控除が使えます**。そのための主な条件は次のとおりであり、建物が条件を満たしていれば敷地も含めて3000万円控除の対象となります。

〈特例の対象となる建物〉
- １９８１年５月31日以前に建築された
- 区分所有建物登記がされている建物（マンションなど）ではない
- 相続の開始の直前において被相続人が居住し、被相続人以外の居住者はいなかった

この他にも細かい条件がいくつかありますが、とくに注意したいのが**「相続開始日から３年を経過する日の属する年の12月31日までに売らなくてはいけない」**というものです。

この特例のそもそもの期限である２０２３年12月31日までに売ることに加え、親が亡くなって３年以内に売ることも必要なのです。

なお、このような期限つきの特例は延長されることが多く、２０２４年以降も利用できる可能性がないわけではありません。国税庁ホームページなどで最新情報をチェックしておきましょう。

空き家は全国的に増えており、日本政府は問題視しています。2022年12月の報道では、管理が不十分な空き家については固定資産税を上げる方向で検討が進められているとのことです。これが実施されると、平均的な宅地の固定資産税が4倍程度に増えると試算されています。

使わない家の税金を払い続けるのは明らかに無駄なので、早めに売却を進めたいところです。

◆自宅の売却損を確定申告すると還付金をもらえる

ここまでは譲渡所得がプラスになったときに使える特例を説明してきました。ここからは、逆にマイナス（譲渡損失）になった場合の特例を説明します。

譲渡所得がマイナスになったときは、もちろん税金はかからず、確定申告や納税をする義務はありません。ただし、自宅を売って譲渡損失が出た場合に使える特例があるため、確定申告をすることで節税をすることが可能です。

この特例の条件は複雑なので、細かい条件は国税庁ホームページなどで確認していただきたいのですが、簡単に節税効果について説明しておきたいと思います。

譲渡損失が出たときに使える特例には、「損益通算」と「繰越控除」という2つの効果があります。

損益通算とは、「他の種類の所得と相殺できる」というしくみです。たとえばサラリーマンの方が自宅を売って譲渡損失が出たら、**給与所得と譲渡損失を合算できます。これにより、確定申告をすると給与所得にかかっていた所得税が還付金として戻ってきます。**また、翌年の住民税を減らす効果もあります。

そして、「繰越控除」は、「相殺しきれなかった譲渡損失を繰り越す」という意味があります。たとえば給与所得500万円の人で、譲渡損失が800万円あれば、相殺しても譲渡損失を使い切れません。この残った譲渡損失を最長3年間繰り越して、その間に得た所得と合算できるのが、繰越控除です。

ちなみに、譲渡損失に使える特例には、「マイホームを買い替えて新たに住宅ローンを組んだ場合」と「自宅を売っても元の家にローンが残る場合」に使える2タイプがあります。このうち節税効果が高いのは前者です。後者の場合、譲渡損失の一部しか損益通算や繰越控除ができない可能性があります。

この意味では、**自宅を売った後に賃貸に住むよりも、再び持ち家をローンで買って住むほうが節税効果は高くなります。**

また、**譲渡損失の特例は、住宅ローン控除と併用することが可能です。**売った家について損益通算や繰越控除を使い、買い換えた家について住宅ローン控除を使うことで、さらに節税効果を高めることができます。

相続税の節税

ここまで説明してきた所得税や住民税のルールを押さえておけば、普段の収入にかかる税金を抑えるには十分です。しかし、日本の税金はこれだけではなく、とくに財産を相続したときにかかる相続税、贈与を受けたときにかかる贈与税は無視できません。

ここから説明する相続税は、財産を相続したときにかかる税金です。そのため、経験するとしても一生のうち一～二度ほどに留まります。しかし、税額が大きくなる可能性があるので、基本的なルールを知り、節税に取り組む必要があります。

◆相続税がかかる財産

相続税の節税を考えるうえで、どのような財産に相続税がかかるのかを適切に把握することが最初の一歩となります。

お墓や仏具などの一部の例外を除き、あらゆる財産が相続税の対象になります。したがって、まずは預貯金や株式、不動産などの財産を相続税の課税価格に換算してどれくらいになるのかを調べなくてはなりません。

相続税のかかる財産のうち、気をつけたいのが、「被相続人の名義でない財産」です。**たとえ名義が家族名義であったり、無記名であったりしても、実質的に被相続人の財産と判断されるケースがあります。**こうした財産は相続税の課税財産に含まれます。

家族名義の預貯金であっても被相続人の預貯金として扱われるものを「名義預金」といいますが、名義預金は相続税の税務調査でほぼ確実にチェックされます。たとえば、妻名義の預貯金があったとして、その妻に収入がないような場合、名義預金の疑いをもたれるのが普通です。

名義預金の判断は、誰が稼いだ財産なのか、通帳を管理していたのは誰なのか、お金はどのように使われていたのか、といった複数の要素から判断されます。

名義預金は、たまたまへそくりが貯まるなどして生まれるケースもありますが、意図的に相続税逃れとして利用される可能性もあります。こうした意味からも、税務署のチェックが厳しくなりますので、日頃から家庭の中のお金の流れを確認して、税務調査などの際にきちんと説明できるようにしておきましょう。

このようにして相続税のかかる財産を把握したら、これを少なくすることで節税することが可能です。といっても、貴重な財産を生前に使い切ったり、捨てたりする必要はありません。ここから説明する方法を使えば、相続税を節税しつつ、より多くの財産を子孫に残すことができます。

◇相続人の数が増えると相続税が減る

相続税はあらゆる人にかかる税ではありません。前に説明したように、相続税のかかる人は全死亡者の1割弱です。そのため、そもそも相続税がかかるほどの遺産がなければ節税のために特別なことをする必要はありません。**まずは、相続税がかかるのか、かからないのかを判断しましょう。**

相続税がかかるか判断するうえで、最初に理解すべきが**「基礎控除額」**です。相続税は、相続などによって財産を取得した各人の課税価格の合計額から、基礎控除額を差し引いたうえで、税率を掛けるなどして計算します。

課税価格は、相続により得たプラスの財産（預貯金など）から、マイナスの財産（借金など）を差し引いて計算するのが基本です。

課税価格＝「相続や遺贈によって取得した財産の価額」＋「相続時精算課税を適用した財産の価額」－「債務・葬式費用の金額」＋「相続開始前3年以内の贈与財産の価額」

この課税価格の合計額が基礎控除額を下回れば、相続税はかからず、相続税の申告は原則として不要です。

次に、基礎控除額の計算式を見てみましょう。

基礎控除額＝3000万円＋（600万円×法定相続人の数）

算式に出てくる「法定相続人の数」については後ほど解説しますが、たとえば、ある人が亡くなって、妻と子2人が残された場合、法定相続人は3人ですから、基礎控除額は4800万円になります。

このように基礎控除額を調べることができれば、「うちには4800万円も財産がないから、相続税はかからない」「基礎控除額を超えそうだから、相続税の準備をしないと」といった判断ができるようになるのです。

ちなみに、後ほど説明する**小規模宅地等の特例や相続税の配偶者控除などを使うことで、課税価格の合計額が基礎控除額を下回ることがあります。このような特例を使う場合、たとえ相続税がゼロであっても、相続税の申告が必要となる**点に注意してください。

相続税の申告書を作成するのは簡単なことではありません。

所得税や住民税の場合、1年単位で収入などを集計すれば計算できますし、個人単位で確定申告の手続きができます。確定申告書等作成コーナーのようなツールも充実しているので、慣れた人なら1日で手続きを完結させることも可能でしょう。

ところが相続税の場合、被相続人の財産をすべて確認する必要があり、これだけでもかなりの時間がかかります。相続税の申告期限は、被相続人が死亡したことを知った日（通常は死亡日）の翌日から10カ月以内と設定されていますが、この期間内に相続税の申告書を作るのはかなり大変です。

早めに相続税の申告が必要になるのかを確認して、必要であればすみやかに動くようにしましょう。

◇法定相続人の数え方

基礎控除額を計算するときに用いる**法定相続人の数は、家族構成により自動的に決まります。**

親族のうち、常に法定相続人となるのは、「配偶者」です。夫が亡くなったときは妻が、妻が亡くなったときは夫が、必ず法定相続人になります。

さらに、次の3パターンに該当する人がいた場合、その人も法定相続人となります。「1がいなければ2」「1も2もいなければ3」という形で、法定相続人が決まります。

1　被相続人の子
2　被相続人の父母
3　被相続人の兄弟姉妹

したがって、**被相続人が妻子を残して死亡したのであれば、法定相続人は妻と子になり、父母や兄弟姉妹は法定相続人にはなりません**。一方、妻子がいない独身の人が亡くなると父母が、妻子も父母もいなければ兄弟姉妹が法定相続人になります。

ここまでが法定相続人の基本的な考えですが、被相続人が亡くなる前に、本来は法定相続人となるはずだった人が亡くなっていた場合、**「代襲相続（だいしゅう）」**という特別なルールが出てきます。以下のように、法定相続人の地位が別の親族に引き継がれるのです。

〈代襲相続のパターン〉
1　被相続人の子　↓　被相続人の孫
2　被相続人の兄弟姉妹　↓　被相続人の兄弟姉妹の子（甥（おい）や姪（めい））

図表5-4 「法定相続人」とは

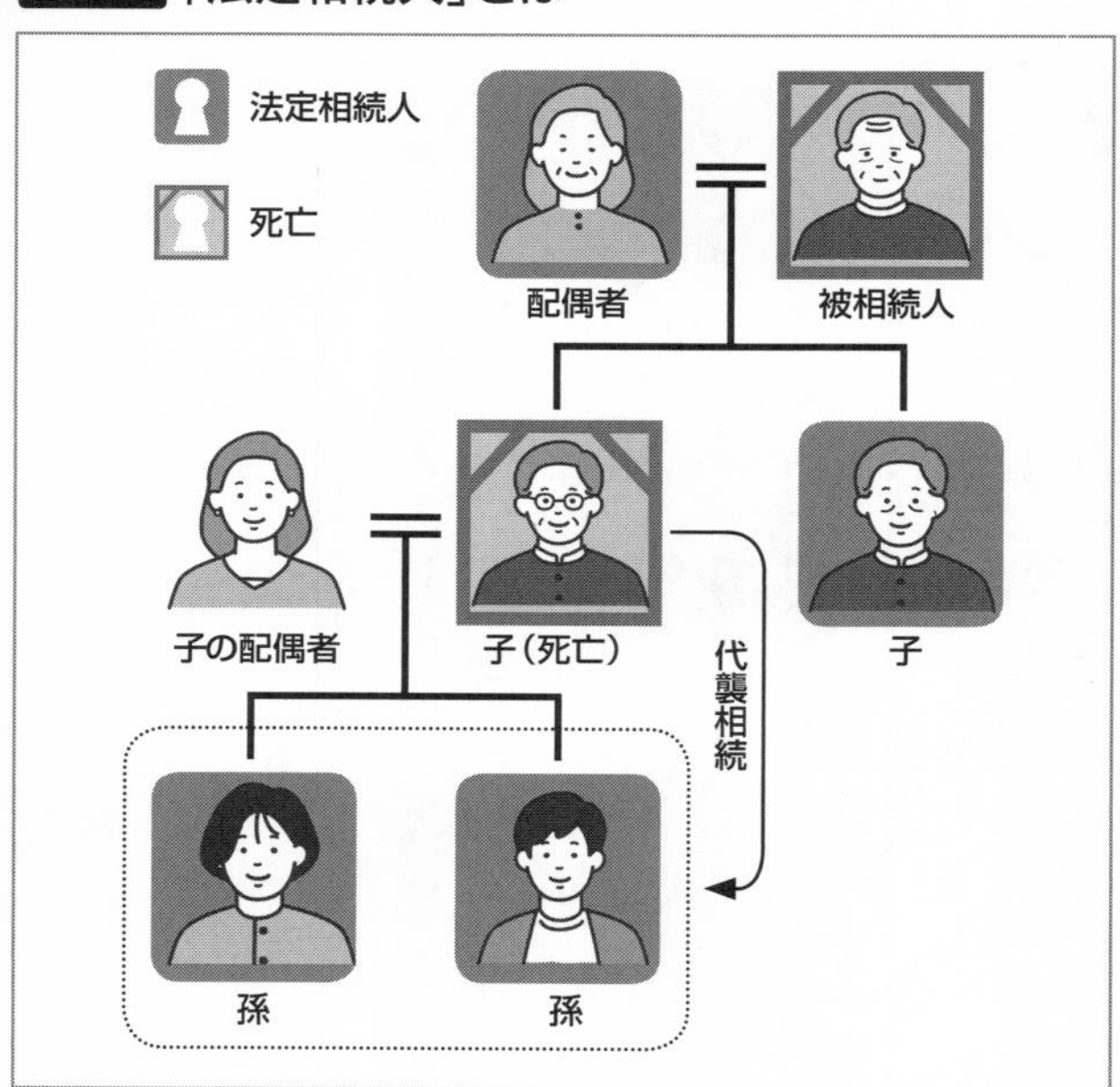

代襲相続が起きると、法定相続人の数が変わる可能性があります。たとえば、夫婦と子2人の場合、父親が亡くなると法定相続人は3人です。でも、子の1人が父親よりも先に亡くなっていて、その子に2人の子がいたら、その2人の孫が代襲相続をするので、法定相続人の数が4人に増えます。

すると、もともとは基礎控除額4800万円だったものが、代襲相続にともない5400万円に増えることになります。

法定相続人の数を確認するときは、簡単な家系図を作っておくと便利です。法務局のホームページで公開されている「法定相続情報一覧図」などのテンプレートを使い、家族関係が一目で分かるようにまとめておくといいでしょう。

◆生命保険を活用した節税

死亡にともなって支払われる生命保険金や退職金は、「みなし相続財産」として、相続税の対象となります。

ただし、生命保険金と死亡退職金には、それぞれ「500万円×法定相続人の数」で計算される非課税枠が設けられています。たとえば、法定相続人が３人であれば、死亡保険金と死亡退職金は、それぞれ1500万円まで非課税になるということです。

このしくみを使うことで、相続税をいくらか節税できます。預貯金を相続するよりも、**預貯金から保険料を支払い、生命保険金を受け取るほうが、非課税枠を使えるので節税につながります。**

図表5-5 生命保険金の扱いは「契約者（保険料の負担者）」「被保険者」「保険金の受取人」の組み合わせによって違う

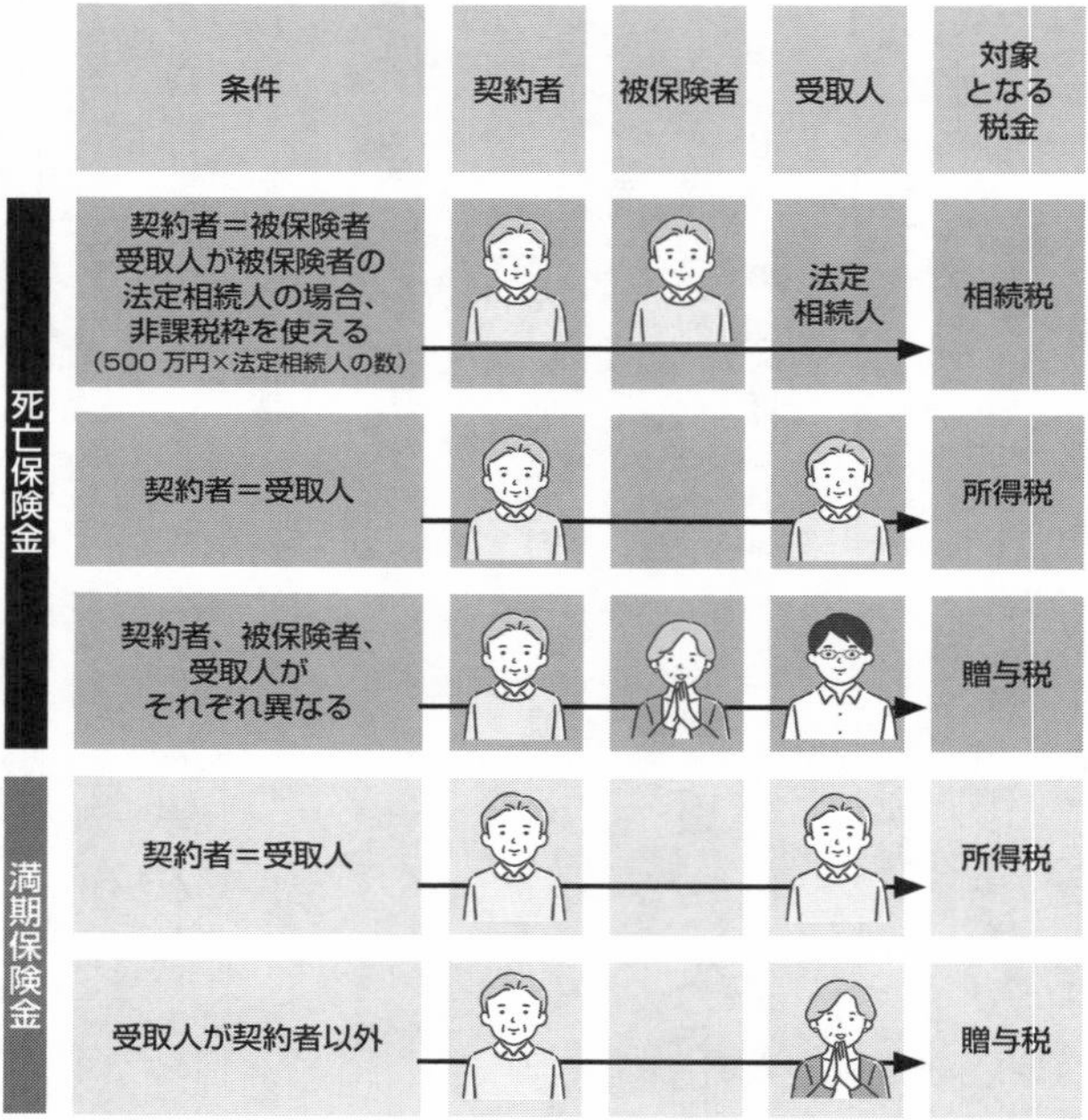

	条件	契約者	被保険者	受取人	対象となる税金
死亡保険金	契約者＝被保険者 受取人が被保険者の法定相続人の場合、非課税枠を使える （500万円×法定相続人の数）			法定相続人	相続税
死亡保険金	契約者＝受取人				所得税
死亡保険金	契約者、被保険者、受取人がそれぞれ異なる				贈与税
満期保険金	契約者＝受取人				所得税
満期保険金	受取人が契約者以外				贈与税

ここで注意したいのは、保険の契約内容によっては、相続税の非課税枠を使えないということです。

保険に関する税金の取り扱いは複雑で、**「被保険者」「保険料の負担者（契約者）」「保険金の受取人」の組み合わせが重要なポイント**になります。この組み合わせによっては相続税ではなく、所得税や贈与税の対象になります。

生命保険における相続税の非課税枠を使うには、まずは被保険者が被相続人でなくてはいけません。「Aさんが死亡したら保険金が支払われる」という内容の保険契約をあらかじめしておき、実際にAさんが死亡したことにより保険金が支払われるという形です。

そのうえで、保険料の負担者と保険金の受取人が誰なのかを確認します。

まずは、保険料の負担者が被相続人で、相続人が保険金を受け取った場合です。この場合、被相続人が払った保険料をもとに、相続人がお金を受け取ったわけですから、相続税の対象となり、非課税枠を活用できます。

次に、保険料の負担者と保険金の受取人が同一人物というケースを考えてみましょう。

たとえば「妻が亡くなったら、夫が保険金を受け取る」という生命保険を組んで、保険料を負担していた夫が保険金を受け取るようなケースです。

この場合は、保険料を払った人自身が保険金を受け取った形になるので、相続税ではなく所得税や住民税がかかります。したがって、受け取った保険金の金額などによっては確定申告を行う必要があります。

そして最後に、贈与税の対象になるケースを説明します。これは、死亡ではなく保険の満期や解約にともなってお金が支払われるなど、実質的に贈与と判断された場合が該当します。

たとえば夫が保険料を負担していて、妻が保険金受取者になっているケースで、この生命保険が満期を迎えると、妻が満期保険金を受け取ることになります。お金の流れを考えると、夫が保険料を支払って、妻がお金をもらったわけですから、贈与税の対象になります。

このように、保険金にまつわる税金は複雑です。**相続税の非課税枠を使いたいのであれば、あらかじめ受取人の設定などを慎重に考える必要があります。**

◇不動産を購入すると相続税が減る

「相続税対策のために不動産を買う」といった話を耳にしたことはないでしょうか。実際、不動産を買うことで相続税が下がるケースは多いのですが、その理由は、「不動産は時価よりも低く評価される」という点にあります。

不動産を相続する場合、相続税の計算を行うために相続開始時点の課税価格に換算します。このことを「評価計算」といい、その結果を「評価額」といいます。相続税だけでなく、不動産の贈与を受けて贈与税を計算するときにも同様の計算を行います。

建物の評価計算を行うときは、固定資産税評価額を使います。固定資産税評価額は市役所などから毎年送られてくる固定資産税の通知で確認でき、これが相続税や贈与税における評価額として用いられます。

一方、**市街地にある土地については、路線価を用いて評価計算を行うのが一般的です。**路線価とは、国税庁が道路ごとに設定している「１㎡あたりの価格」を意味します。

図表5-6 路線価をもととした土地の評価額の計算例

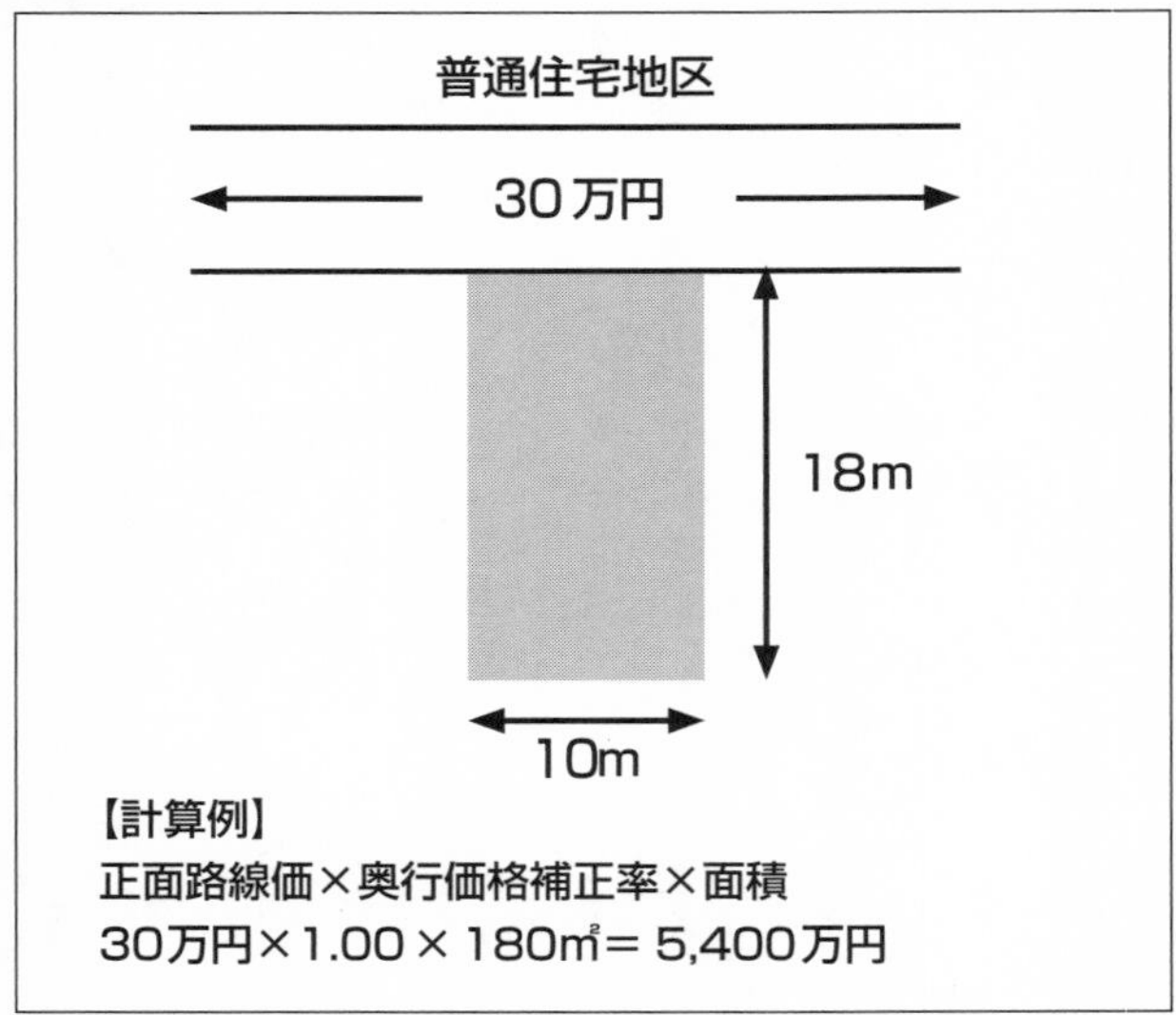

出所：国税庁ホームページ
https://www.nta.go.jp/taxes/shiraberu/taxanswer/sozoku/4602.htm

たとえば路線価20万円の道に接している土地を２００㎡もっていたとしましょう。この場合、20万円×２００㎡＝４０００万円をベースとして、あとは土地の形状や利用状況などによって調整を加えます。

また、路線価が設定されていない地域もあり、こちらは「倍率地域」と呼ばれています。倍率地域の場合、土地の固定資産税評価額に、国税庁が定める倍率を掛けると、評価額が算出されます。

路線価などの情報は、国税庁ホームページで「路線価図」として毎年7月1日に公開されています。路線価図は地図のようになっていて、路線価や倍率などを調べることができます。

不動産の評価額の計算方法は複数ありますが、基本的には時価の8割程度になるよう設定されています。ということは1億円で不動産を購入すると、相続税を計算するときには8000万円ほどの評価額になるということです。**現金や預貯金としてもっていたら1億円の財産として相続税がかかるところを、不動産に換えるだけで2割ほど下げられるので、相続税の節税につながるのです。**

購入した家や土地を賃貸すれば、さらに評価額を下げることができます。これは、家を借りている人の権利（借家権）や、土地を借りている人の権利（借地権）を差し引いて、評価計算をするというルールによるものです。

どれくらい減額されるのかは、土地の所在地によって変わります。借地権の割合は30～90％の範囲で決まっているので、この割合が多い場所ほど、評価額が下がる割合が高くな

図表5-7 路線価は国税庁のホームページで調べることができる（画面の例）

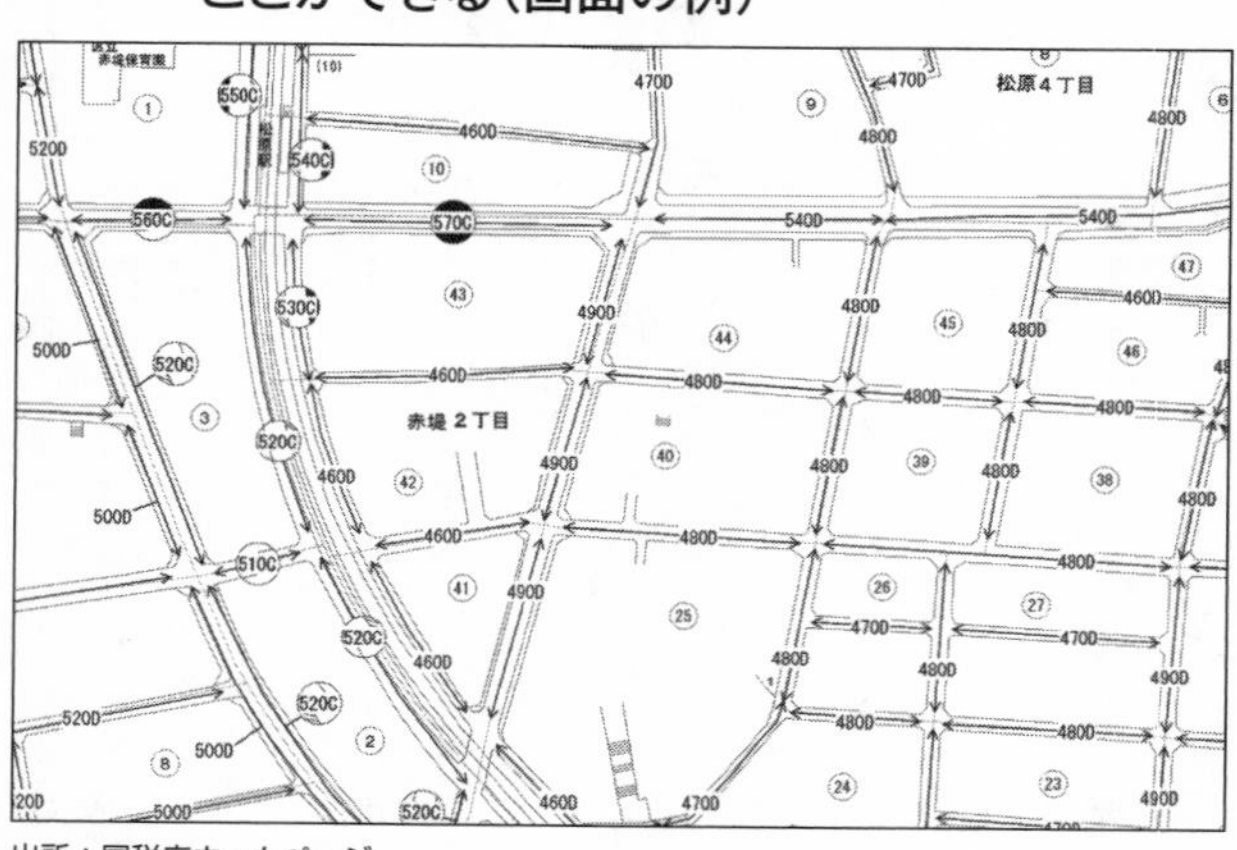

出所：国税庁ホームページ
https://www.rosenka.nta.go.jp/

ります。

たとえば借地権割合が70％の場所で宅地を貸し出せば、評価額は30％に落ちますから、所有する不動産を遊ばせるのではなく、人に貸すことで相続税の節税に役立ちます。

◆タワマン節税を封じる判決が出た！

不動産を購入すると相続税の節税につながることがお分かりいただけたでしょうか。このしくみを最大限活用した節税方法が、いわゆる「タワマン節税」と呼ばれる手法です。

マンションは、一般的に階層が高く

なるほど高値で取引されています。とくに都心のタワーマンションでは1階と最上階で数千万円単位の差が出ることもあります。

ところが、相続税の計算のために不動産の評価計算を行うとき、基本的に高さは影響しません。同じマンション内で同じ広さの家であれば1階でも50階でも評価額が変わらないのです。

ということは、タワーマンションの高層階を買えば、実際の取引価格よりも評価額がかなり落ちます。さらに賃貸に出せば評価額が下がるので、ますます時価と評価額の差が大きくなっていきます。

このように、タワマン節税の効果は非常に大きいのですが、実は国税当局から否認されるリスクが高まっています。**近年、国税局や税務署からタワマン節税が「著しく不適当」と判断され、時価に基づいて不動産を評価されるケースが多数出ている**のです。

もしもタワーマンションを通常の評価計算のやり方ではなく時価で計算すると、相続税の負担は確実にアップしますし、過少申告をしたとして多額の追徴税がかかる可能性が高いです。

こうした国税の処分に対して納税者が訴訟を起こすケースも出ているのですが、２０２

2年4月には、納税者が敗訴となる最高裁判決がありました。このケースでは、訴えを起こした納税者が3億円を超える追徴課税を課せられることが確定したのです。

この判決は、今後の不動産を用いた相続税対策に確実に影響するので、少し詳しく説明をしたいと思います。まずは裁判に至るまでの経緯を簡単に紹介します。

札幌市の男性が、2009年に東京都内などのマンション2棟を合計13億8700万円で購入し、2012年に94歳で亡くなりました。その後、このマンションなどを取得した複数の相続人が、「税額ゼロ」として相続税の申告を行います。

この相続人らは、相続税の通常のルールに基づき、マンション2棟をおよそ3億3400万円と評価したうえ、マンション購入のための借入金などを差し引いた結果、相続税を「0円」として申告したのです。

これに対して、札幌南税務署長は不動産鑑定士による鑑定評価を行い、相続税を再計算し3億円を超える追徴課税をした、というのが一連の経緯です。

その後、相続人らは税務署の処分を不服として訴えましたが、1審、2審と敗訴し、2022年4月に最高裁判所から訴えを退けられました。

ここでポイントとなるのが、「路線価を用いた一般的な方法で不動産を評価して申告したにもかかわらず、それが認められなかった」という点です。

なぜ、税務署はこのような異例の措置をしたのかというと、「極端な節税」と判断されたからです。今回のケースでは、被相続人が合計13億８７００万円で購入したマンションが、相続が発生した約３年後に路線価で評価計算したところ、約３億３４００万円になっています。

税務署は、こうした過度な節税を封じる手段をもっています。相続税の計算をするとき、市街地の宅地は路線価により計算するのが原則なのですが、今回のケースでは次の定めに基づく処分がなされました。

財産評価基本通達６項（以下「総則６項」）

「この通達の定めによって評価することが著しく不適当と認められる財産の価額は、国税庁長官の指示を受けて評価する」

ここでポイントとなるのが、「著しく不適当」という箇所です。これが具体的に何を指すのかは通達には書かれていません。つまり、**税務署が「著しく不適当」と判断しさえすれば、路線価による評価方法を覆すことができる**のです。

総則6項が適用される場面は多くありませんが、ひとたび実行されると大きな影響力をもちます。そのため、総則6項は「国税の伝家の宝刀」と呼ばれることもあります。

今回の最高裁判決の影響は、すぐに全国の国税局、税務署におよぶでしょう。かねてより不動産を用いた〝行き過ぎた節税〟については、政府税制調査会でも問題視されていました。今回の最高裁判決を受けて、さらに監視の目が強化されることは間違いありません。

なお、今回の最高裁判決の判決文を読むと、路線価による評価額が時価より低いことのみをもって違法と判断されたわけではありません。被相続人や納税者が相続税の負担軽減の意図をもってマンション購入や借り入れをしていたこと、こうした取引がなければ相続税の課税価格が6億円を超えていたこと、といった個別事情が考慮されています。

要は、課税価格が6億円を超えていたのに、意図的にタワマン節税を行って相続税をゼロにしたという極端なケースであったことが問題視されたわけです。

この判決をもって、不動産を活用した相続税の節税が完全に認められなくなるわけではありません。不動産を使った相続税対策は、今なお有効ではあるものの、裁判などの動向に注目しつつ、専門家のサポートを受けながら慎重に進める必要があります。

◇相続税の配偶者控除で１億６０００万円まで無税

相続税の節税効果の高い特例が、「配偶者の税額軽減(配偶者控除)」と「小規模宅地等の特例」の２つです。

配偶者控除とは、**配偶者が相続した財産が「１億６０００万円」もしくは「法定相続割合に応じた金額」に収まれば、なんと相続税がゼロになる**というものです。

たとえば、相続人が「配偶者と子」という構成であれば、配偶者の法定相続割合は２分の１です。したがって、遺産の２分の１までの相続であれば、配偶者に税金がかかりません。課税対象となる相続財産が10億円あったとして、このうち５億円までなら配偶者が相続すれば相続税はかからないということです。

一般的なご家庭であれば、遺産をすべて合わせても1億6000万円に収まるでしょう。この場合、すべての財産を配偶者が相続すると相続税を一切払わずに済みます。

ただし、相続税の配偶者控除を使うときは、「将来にその配偶者が死亡したときの相続税」のことも考えておく必要があります。

たとえば、父、母の順番で相続が発生するとします。このとき子どもの立場に立つと、父が死亡したとき(一次相続)と、母が死亡したとき(二次相続)の2回分の相続税の問題が起きます。

ここで、**一次相続のときに配偶者控除を最大限利用すると、その分、二次相続のときに相続税のかかる財産が多くなってしまいます**。すると、二次相続のときに子どもにかかる相続税が重たくなってしまうのです。

配偶者控除は配偶者から相続を受けるときに限って使えるものですから、子が相続するときには使えません。したがって、一次相続の段階から、特例を使えない二次相続のことも想定して、遺産分割を決める必要があります。

相続税に強い税理士であれば、このようなシミュレーションを行ったうえで、どのように遺産分割をすればもっとも税負担を抑えられるかを教えてくれるので、早めに相談しておくといいでしょう。

◇相続した土地の相続税を大幅に下げる特例

続いて、「小規模宅地等の特例」について説明します。こちらは、**被相続人が居住用や事業用、貸付用で使っていた敷地の評価額を大きく引き下げてくれる**ものです。

どれくらい評価額が下がるのかは、土地の用途や、誰が相続するのかなどで変わりますが、代表的なケースとして、「被相続人が相続開始直前まで住んでいた土地」(居住用宅地)のケースを説明したいと思います。

居住用宅地の場合、上限330㎡までは評価額が80％減額となります。たとえば、200㎡の居住用宅地で、本来の評価額が5000万円であれば、5000万円×80％＝4000万円分の評価額が減額となり、1000万円の評価額になります。

これだけ大幅に評価額が下がれば、相続税がゼロになるケースも少なくないでしょう。

小規模宅地等の特例を使うときに気をつけたいのは、**相続する人によって制約が加わる**という点です。居住用宅地を相続したのが「配偶者」であれば、無条件に80%減となります。しかし、配偶者以外の人が相続したときは、「同居親族」と「非同居親族」で条件が変わります。

同居親族の場合、相続した後、相続税の申告期限までは居住用宅地を所有し、居住することが条件です。**同居する親が亡くなったからといって、すぐに自宅を手放してしまうと、小規模宅地等の特例を使えなくなります**。

そして、もっとも条件が厳しいのが、非同居親族が相続した場合です。この場合、複数の条件を満たす必要があります。このうち主な条件が、次のとおりです。

- 被相続人に配偶者がいない
- 被相続人と同居していた相続人がいない
- 居住用土地を相続する人が、相続開始前3年以内に持ち家に住んだことがない
- 相続した居住用土地を、相続税の申告期限まで所有し続ける

これらの条件を簡単にまとめると、**「親が一人暮らしをしていた土地家屋を、自宅をもたない相続人が相続する場合」**については、非同居親族についても特例を認めるということです。

このように、非同居親族が居住用宅地を相続するときはハードルが高くなります。小規模宅地等の特例を使えるかどうかで80％も評価額が変わるわけですから、**遺産分割を決めるときは小規模宅地等の特例の条件も加味しておく必要があります。**

◇相続争いが起きると相続税が増えてしまう

ここまでに説明した相続税の配偶者控除と、小規模宅地等の特例には、共通する2つの注意点があります。まずは、特例を使った結果相続税がゼロになるとしても、相続税の申告が必要ということです。**申告をしないと特例は使えないので必ず申告してください。**

2つ目の注意点が、**これらの特例は遺産分割が終わらないと使えない**ということです。

遺産分割は、被相続人の遺言にしたがって分割するか、遺言がなければ遺産分割協議を行って分割するのが基本です。この遺産分割協議で話が円滑（えんかつ）にまとまればいいのですが、うまくいかないこともあります。そうすると、配偶者控除も、小規模宅地等の特例も使えなくなります。

つまり、**相続争いを避けて遺産分割協議を順調に進めることは、節税に直結する話**というわけです。

前に説明したように、相続税の申告期限は10カ月以内です。この期限に間に合うように遺産分割協議を行い、特例を使った相続税申告を行うのが理想的ですが、間に合いそうになければ、特例を使わず仮の内容で相続税の申告をします。

このとき相続税申告書と合わせて**「申告期限後3年以内の分割見込書」(以下、「分割見込書」)という書面を提出しておけば、後で遺産分割協議が終わってから、相続税の申告をやり直すことができます**。

この手続きをきちんとしておけば、申告期限後に遺産分割が終わった場合、分割が行われた日の翌日から4カ月以内に相続税の申告をやり直すことができます。

最初に出す仮の申告は、配偶者控除や小規模宅地等の特例を使わずに計算するので、本来の税額よりも高くなるのが普通です。なので、後で特例を使って計算をやり直すと、通常は還付金がもらえます。

分割見込書はたった1枚のペーパーですが、相続税に非常に大きな影響が出ます。申告期限までに遺産分割協議が終わるのが理想的ですが、どうしても間に合わないときは分割見込書を忘れずに提出しておきましょう。

◆生前贈与が相続税対策の基本

相続税の課税価格を下げるには、生前贈与が効果的です。ただし、相続税とは別に贈与税があるので、生前贈与をやり過ぎるとかえって税負担が重たくなるおそれがあります。

そこで目安にしたいのが、「年間110万円」という金額です。贈与税については後ほど詳しく説明しますが、暦年課税制度と相続時精算課税制度という2つの計算方式があります。このうち暦年課税制度には、年間110万円の基礎控除があります。つまり、**年間110万円以内の生前贈与をすれば、贈与税は一切かかりません**。

たとえば、生前に毎年100万円ずつ、親から2人の子に贈与をしたとしましょう。1年あたりの贈与額は基礎控除の110万円以内なので、贈与税はかかりません。これが10

年続けば、10年×100万円×2人で、合計2000万円の財産が、親から子に無税で渡ります。生前贈与をすることで、この2000万円は相続税の対象からも外れます。

このときに気をつけてほしいのが、**「相続開始日から3年以内の贈与は、相続税の対象にする」**というルールです。このルールは生前贈与加算と呼ばれています。

たとえば、2023年4月に死亡した親から、2022年2月に100万円の贈与を受けていたのなら、この100万円は相続税の課税財産になってしまうのです。

話をまとめると、生前贈与は相続税対策として有効なのですが、死亡前の3年間に生前贈与をしても相続税の節税効果はないということです。両親の死期が近いと感じてから慌てて生前贈与をしても、相続税対策にはなりません。相続税対策として生前贈与をするのであれば、早め早めを意識して行ってください。

なお、2023年度の税制改正を受けて、生前贈与を使った相続税対策に関わるいくつかの大きな制度変更が予定されています。

2024年1月以降、生前贈与加算の対象が7年間に延長されることになりました。これにより、今後、従来よりも生前贈与を活用した相続税の節税は難しくなるでしょう。なお、この改正に合わせて、加算期間が増える4年間に受け取った贈与のうち100万円までは課税対象にしない措置が設けられます。

相続税と贈与税は切っても切れない関係にあります。相続税の節税を考えるときは、贈与税のルールも一緒に学ぶことで、より効果的に節税できます。

5-5 贈与税の節税

両親などから財産をもらったときは、贈与税の対象になります。贈与税は他の税金に比べて税率が高いのですが、税負担を抑えられる特例が複数あります。贈与税の特例は、住宅取得や結婚など、ライフイベントのときだけ使えるものが多いので、タイミングを見極めて利用することが大事です。

◇「年間110万円」の非課税枠を使える暦年課税

贈与があったとき、あげた人を「贈与者」、もらった人を「受贈者」といい、受贈者に贈与税がかかります。

贈与税は所得税と同じく国の税金なのですが、計算方法はまったく違います。**贈与を受けた場合は、所得税の申告書ではなく、贈与税の申告書を使って計算しなくてはなりません。**

図表5-8 贈与税の暦年課税の税率

特例税率

（直系尊属〈祖父母や父母など〉から、
その年の１月１日において１８歳以上の者〈子・孫など〉への贈与税）

基礎控除後の課税価格	200万円以下	400万円以下	600万円以下	1,000万円以下	1,500万円以下	3,000万円以下	4,500万円以下	4,500万円超
税率	10%	15%	20%	30%	40%	45%	50%	55%
控除額	—	10万円	30万円	90万円	190万円	265万円	415万円	640万円

一般税率

（特例税率に該当しない場合）

基礎控除後の課税価格	200万円以下	300万円以下	400万円以下	600万円以下	1,000万円以下	1,500万円以下	3,000万円以下	3,000万円超
税率	10%	15%	20%	30%	40%	45%	50%	55%
控除額	—	10万円	25万円	65万円	125万円	175万円	250万円	400万円

出所：国税庁ホームページ
https://www.nta.go.jp/taxes/shiraberu/taxanswer/zoyo/4408.htm

前にも説明したように、贈与税の計算方式には、「暦年課税」と「相続時精算課税」という２つのタイプがあります。このうち暦年課税が原則的な方法で、相続時精算課税はいくつかの条件を満たす人でなければ使えません（詳しくは次の項で説明します）。

暦年課税でまず覚えておきたいのが、「年間１１０万円までの贈与は非課税」というルールです。家族や知人などから贈与を受けたとして、それが贈与税の基礎控除額である１１０万円に収まれば、贈与税の申告や納税は必要ありません。贈与税の計算は1月1日から12月31日までの1年間で集計されるので、この期間中の贈与を集計して、110万円を超えるかどうかをチェックします。

気をつけたいのは、**この110万円は受贈者単位で設定される**というルールです。たとえば父親から70万円、母親から60万円を同じ年に贈与されたとします。この場合、受贈者としては合計130万円を受け取っているので、贈与税がかかります。

贈与された金額が年間110万円を超えた場合、贈与税の申告が必要となり、110万円を超えた金額に対して10〜55%の税率で贈与税が計算されます。

暦年課税の税率は図表5-8のとおりですが、**贈与者と受贈者の関係によって、税率が変わる**という特徴があります。直系尊属（祖父母や父母など）から、その年の1月1日において18歳以上の者（子・孫など）への贈与税は「特例税率」、夫婦間や兄弟間の贈与など、特例税率に該当しない場合は「一般税率」で税額が計算されます。

名称のイメージとはずれますが、贈与は親子間で行われることが多いので、特例税率を原則と考えておくといいでしょう。

◇相続時精算課税は非課税枠の使い切りに注意

次に、「相続時精算課税」のルールを説明します。

暦年課税が贈与税の原則的な計算方法ですが、**「60歳以上の直系尊属（両親や祖父母など）から、18歳以上の直系卑属（子や孫など）に贈与があった」という場合に限って、相続時精算課税で贈与税を計算することができます。**

相続時精算課税について覚えておきたい特徴は、**「２５００万円の非課税枠が使える」**という点です。そして、**特別控除２５００万円を使い切った場合も、一律20％の税率となっていて、暦年課税のように贈与額に応じて税率が上がることはありません。**

これだけを知ると、暦年課税よりも相続時精算課税のほうが有利に思われるでしょう。でも、そう単純な話ではありません。**２５００万円の非課税枠は「生前贈与の累計」に対するもので、暦年課税のように毎年新たな非課税枠が使えるものではない**のです。

たとえば、相続時精算課税を選択して、１年目に２０００万円、２年目に１０００万円の贈与を受けたとしましょう。すると、次のように贈与税は計算されます。

〈1年目〉
贈与額　2000万円－特別控除2000万円＝0円
贈与税　0円

〈2年目〉
贈与額　1000万円－特別控除500万円＝500万円
贈与税　500万円×税率20％＝100万円

現在のルールでは、**特別控除を一度使い切ってしまうと、あとはひたすら税率20％で贈与税がかかってしまう**のです。

相続時精算課税には、さらに気をつけるべき点があります。相続時精算課税を使って贈与税を計算すると、「贈与者が死亡したときの相続税」に影響するという点です。

たとえば、父親から2000万円の贈与を受けて、相続時精算課税を使ったとしましょ

図表5-9　相続時精算課税を使って贈与税を計算すると2,500万円の非課税枠が使えるが、生前贈与のあった金額も含めて相続税が計算される

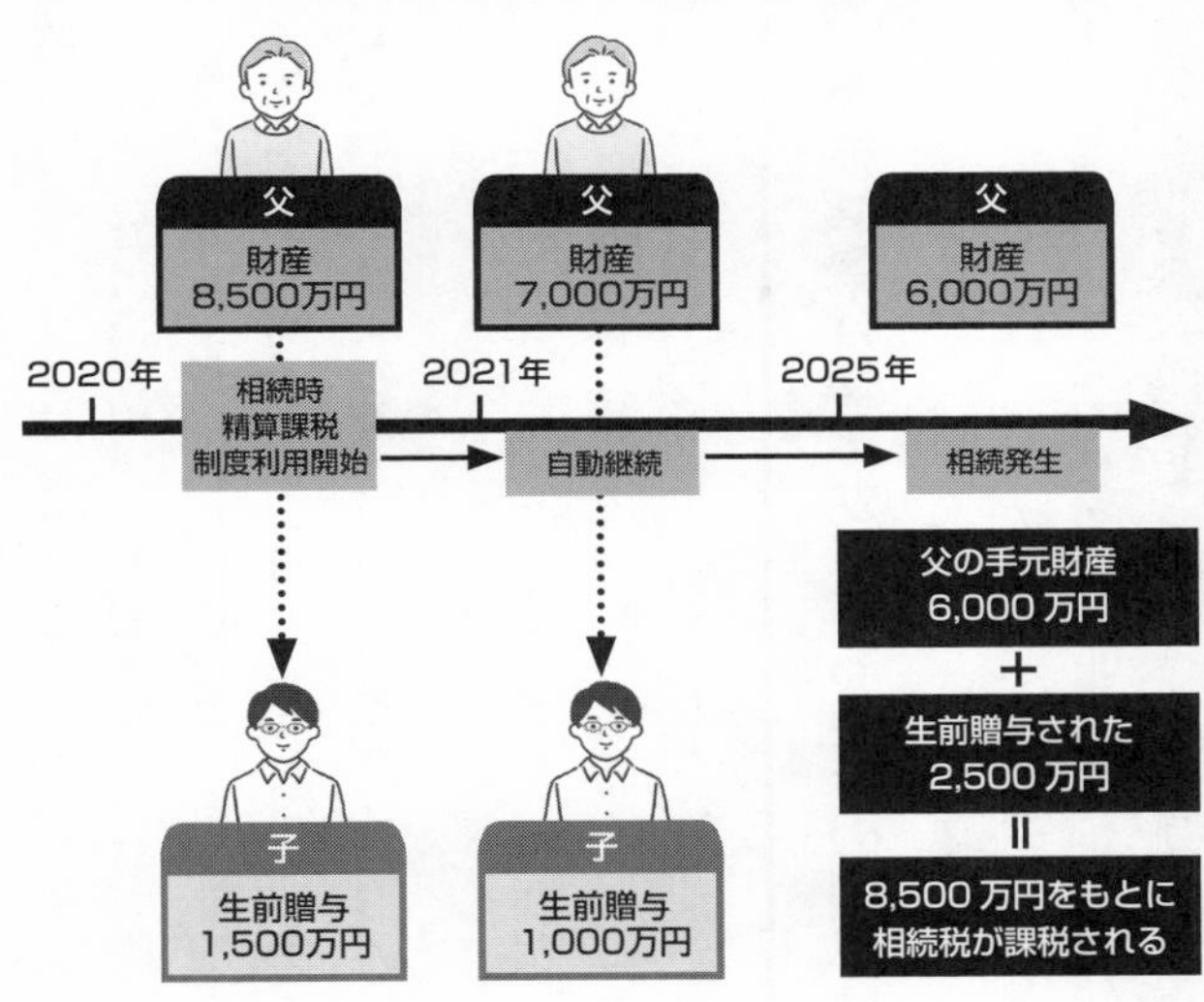

う。この場合、特別控除の金額以内なので、贈与税は非課税になります。ところが、この父親が死亡したとき、**生前贈与のあった2000万円も含めて相続税が計算されてしまいます。**

このように相続時精算課税を選択するときは、後々の影響を考えて決断する必要があります。

なお、相続時精算課税のしくみは、今後大きく変わります。

現在のルールでは、**相続時精算課税を選択すると、暦年課税制度のように年間110万円の**

基礎控除を使うことができません。したがって、相続時精算課税制度を使って申告を行った後は、年間１１０万円以内の生前贈与であっても贈与税の申告が必要になります。

しかし、**２０２４年１月１日以降に行われる生前贈与については、元々あった２５００万円の控除に加え、年間１１０万円の控除も同時に使えるようになります。そして、将来的に相続税の課税対象に加算されるのは毎年１１０万円を控除した後の残額でよくなります。**

相続税対策という意味では、これまでは暦年課税制度を選ぶのが合理的でしたが、２０２４年１月１日以降は慎重に選ぶ必要があります。どちらが有利なのかを自分で判断するのは難しいため、税理士に事前相談しておいたほうが無難です。

◆相続時精算課税は値上がりする財産の贈与に使う

現在のルールでは、生前贈与がすべて相続税の計算に取り込まれる相続時精算課税よりも、年間１１０万円の控除を使える暦年課税のほうが使いやすいと説明しました。

ただ、相続時精算課税を選択したほうが、相続税対策になるケースがないわけではありません。

どのようなケースかというと、「将来的に値上がりする財産」を生前贈与する場合です。たとえば、1000万円と評価される株式を生前贈与して、相続発生時には1500万円に値上がりしたとしましょう。この場合、評価額1000万円の時点で相続時精算課税制度を使って申告していたら、将来相続が生じた場合も1000万円の株式として相続税を計算できるのです。これは、相続税の対象財産を500万円圧縮したのと同じ効果です。

一方で、逆に**値下がりする財産を生前贈与した場合は、相続時精算課税を選択することで相続税がむしろ増えてしまう**点には注意してください。

もうひとつ、相続時精算課税が有利になるパターンを説明します。

前に説明したように、相続税には基礎控除額があり、遺産などの金額次第では相続税がかかりません。そのため、**相続時精算課税制度を使って生前贈与をした金額を含めても基礎控除額に満たないのであれば、贈与税も相続税もかからない**ということです。

相続時精算課税制度をうまく活用すれば、相続のタイミングまで待たなくても生前の早い段階で贈与を行い、子や孫が財産を使えます。このように将来の相続税のことも先読みできるのであれば、相続時精算課税は有効な選択肢になります。

◆贈与税の申告期限は所得税と同じ

暦年課税、相続時精算課税のいずれの場合でも、申告が必要になったら、期限内に申告書を提出しなくてはいけません。

贈与税の申告をするタイミングは、贈与を受けた年の翌年の2月1日から3月15日（休日の場合は翌日、以下同じ）の間です。この期限を過ぎると、加算税や延滞税が追徴税として課せられます。

もし相続時精算課税を使うのであれば、とくに期限には注意してください。**相続時精算課税を利用するには、原則として申告期限までに、贈与税の申告書とともに、「相続時精算課税選択届出書」（以下、「届出書」）という書面を提出しなくてはなりません。**

この届出書は、「この贈与者（特定贈与者）からの贈与は相続時精算課税の適用を受ける」ということの意思表示のために申請するものです。届出書を提出すると、指定した特定贈与者からの贈与については、その後は相続時精算課税で贈与税が計算されます。

もし、相続時精算課税を利用するつもりで贈与を受けたにもかかわらず、提出期限までに届出書を提出できなかった場合、相続時精算課税制度を選択することは不可能です。そうなると、使える控除が２５００万円から１１０万円に下がってしまうので、思いもよらぬ納税が発生するおそれがあります。

◆結婚20年以上で使える「おしどり贈与」

夫婦間で贈与をするときに使える特例があります。正式には「配偶者控除」という名称なのですが、所得税や相続税の配偶者控除とはまったくの別物です。贈与税の配偶者控除には「おしどり贈与」という通称があるので、ここからは通称で説明をします。

おしどり贈与は、婚姻期間20年以上の配偶者同士で、自宅の土地建物や住宅取得資金を贈与した場合に使える制度です。この特例を使って贈与税の申告をすることで、通常の基礎控除１１０万円に加えて、２０００万円の控除を使えるようになります。

おしどり贈与について気をつけたいポイントは、**「同じ配偶者からの贈与については、**

一生に一度しか使えない」という点です。おしどり贈与を使うときは、一度きりのチャンスとして、贈与をする時期などを慎重に判断してください。

前述のとおり、**相続のタイミングで配偶者に自宅の所有権を移転する場合も、相続税の配偶者控除や小規模宅地等の特例を使えるので、場合によっては相続まで待ったほうが節税できるケースがある**のです。おしどり贈与を使うなら、「生前に確実に自宅を配偶者に渡しておきたい」といった事情がある場合がいいでしょう。

◆マイホーム購入資金の援助も非課税に

これから家を買おうとしているのであれば、贈与税の**「住宅取得資金贈与の特例」**の利用を検討しましょう。

この特例は、「両親から子」「祖父母から孫」など、「直系尊属からの贈与」が前提条件になりますが、住宅の新築や購入、増改築(以下、「取得」)のための資金を贈与されたときに非課税枠が設けられるというものです。暦年課税と相続時精算課税のどちらを選択しても使えます。

図表5-10 贈与税の「住宅取得資金贈与の特例」

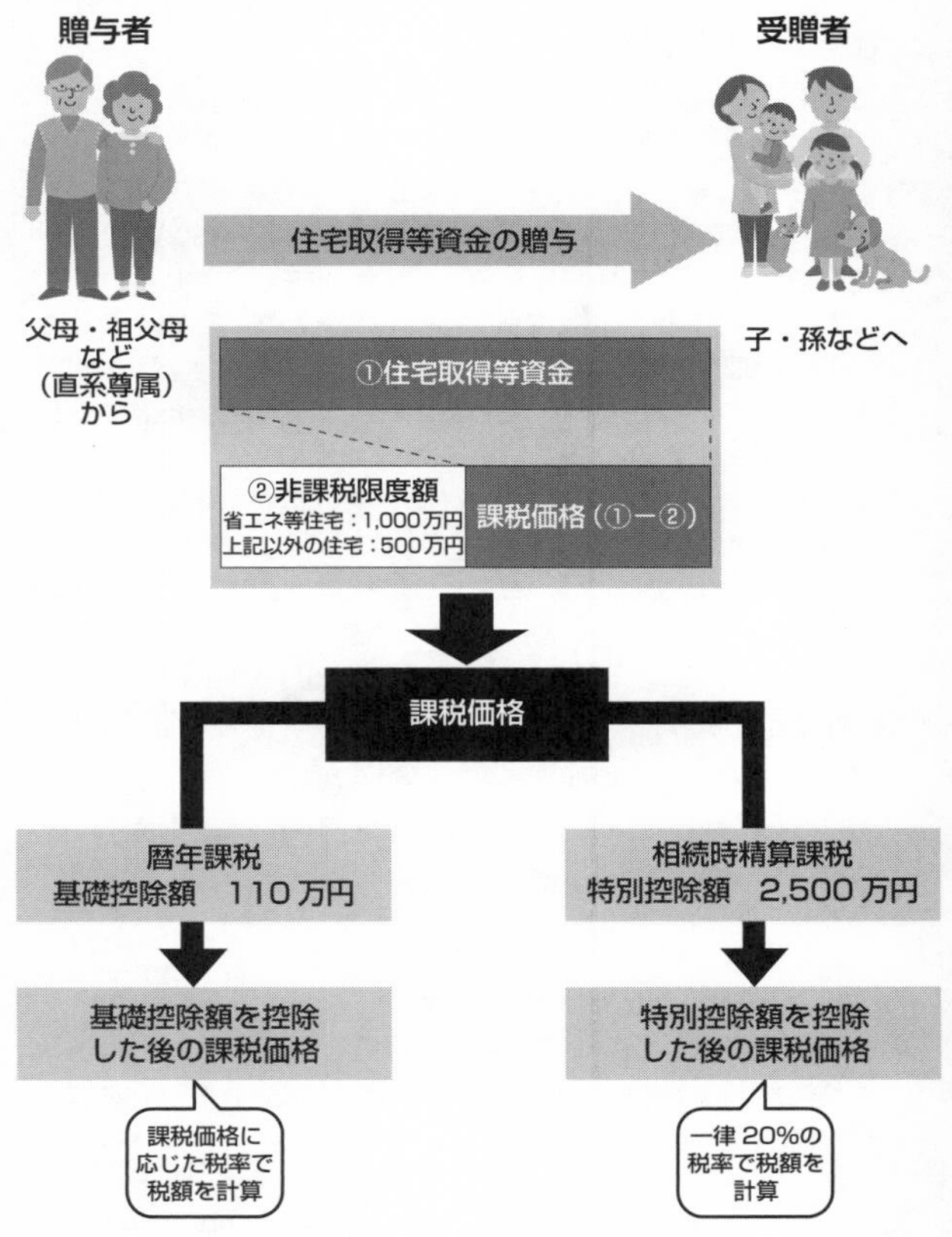

出所：国税庁ホームページをもとに作成
https://www.nta.go.jp/publication/pamph/pdf/0022005-028.pdf

図表5-11 贈与税の「住宅取得資金贈与の特例」の要件

〈受贈者に関する要件〉

1 贈与を受けた時に贈与者の直系卑属（子や孫など）である

2 贈与を受けた年の1月1日において、18歳以上である

3 贈与を受けた年の年分の所得税に係る合計所得金額が2,000万円以下（住宅の床面積が40㎡以上50㎡未満の場合は1,000万円以下）である

4 2009年分から2021年分までに、同じ特例を受けていない

5 配偶者、親族などの一定の特別の関係がある人との売買契約や請負契約などで取得した家屋でない

6 贈与を受けた年の翌年3月15日までに住宅取得等資金の全額を充てて住宅用の家屋の新築等をしている

7 贈与を受けた時に日本国内に住所を有し、かつ日本国籍を有している（一時居住者などの例外あり）

8 贈与を受けた年の翌年3月15日までにその家屋に居住すること又は同日後遅滞なくその家屋に居住することが確実であると見込まれる

〈住宅に関する要件〉

1 新築又は取得した住宅用の家屋の登記簿上の床面積（マンションなどの区分所有建物の場合はその専有部分の床面積）が40㎡以上240㎡以下

2 家屋の床面積の2分の1以上に相当する部分が受贈者の居住に使われている

3 取得した住宅が次のいずれかに該当すること

- 建築後使用されたことのない住宅用の家屋
- 建築後使用されたことのある住宅用の家屋の場合、1982年以降に建築されたもの※

※ 1982年より前に建築されたものでも、耐震性能が証明されたものであれば特例を使える

勘違いしやすいのですが、**「配偶者の両親」や「配偶者の祖父母」から贈与された場合はこの特例は使えません。**たとえば夫名義で住宅を購入するとして、妻の両親から資金を出してもらうと特例を使えず、贈与税がかかるおそれがあります。

それでは、住宅取得資金贈与の特例の節税効果を見ていきましょう。この特例で設けられている非課税枠は、省エネ等住宅の場合は１０００万円、その他の住宅は５００万円に設定されています。現在の法律では２０２３年12月31日までの期限付きとなっていますが、２０２４年以降も制度が延長され、非課税枠の金額が変わる可能性があります。

住宅取得資金贈与の特例は、これまでも延長のたびに非課税枠の金額に変更がありました。贈与を受けるのであれば、法改正の影響も見据えて判断するようにしましょう。

◆贈与資金を住宅ローンの返済にあててはいけない

住宅取得資金贈与の特例に関して、ひとつ重要な注意点があります。それは、「贈与された資金は、翌年3月15日までに全額を住宅取得に使わなければいけない」というルールです。

たとえば親から500万円の贈与を受けたとして、これを翌年3月15日までに住宅取得の頭金に使うのなら、特例の対象になります。ところが、頭金ではなく引っ越し代など違う目的で使うと、特例の対象外となります。

とくに勘違いが多いのが、「贈与された資金を、住宅ローン返済にあてる」というケースです。この場合、一見すると住宅取得のために使ったと思えるかもしれませんが、ローンを借りた銀行などにお金を払っているわけですから、住宅取得資金とは言えないのです。

こうなると、住宅取得資金贈与の特例を使うことはできず、年間110万円を超えた贈与額に対して贈与税がかかります。

私が税務職員だった頃、この点を勘違いして予想外の贈与税を課されるケースを何度か目にしました。本人としては特例を使えると思い込んでいるのですが、特例の条件を満たしていないので、後から税務署から指摘を受けて贈与税が課されます。しかも、贈与されたお金は住宅ローンの返済にあててしまっているわけですから、納税しようにも資金が足りません。

こうなると、期限内に納税ができないということで延滞税が日割り計算でかかってきます。結局、贈与を受けず自分のお金でローンを払ったほうがよかった、といったことになってしまうのです。

住宅取得資金として贈与を受けたのなら、頭金として使うものとして、いくらの贈与を受けるのかを決めましょう。そして、贈与を受けたら、できるだけ速（すみ）やかに、頭金として全額を使い切ってください。

◆生活費や教育費に贈与税がかかることも

夫婦や親子、兄弟姉妹などでお金のやりとりをするとき、それが生活費や教育費として使われるものなら、贈与税はかかりません。

ただし、生活費や教育費として使い切れないようなまとまった金額を受け取ってしまうと、贈与税がかかる可能性が出てきます。

したがって、こうした費用をやりとりするときは、**「必要な金額を、必要な都度（つど）受け渡しをする」**ということを意識してください。

図表5-12「教育資金の一括贈与に係る贈与税非課税措置（教育資金特例）」のしくみ

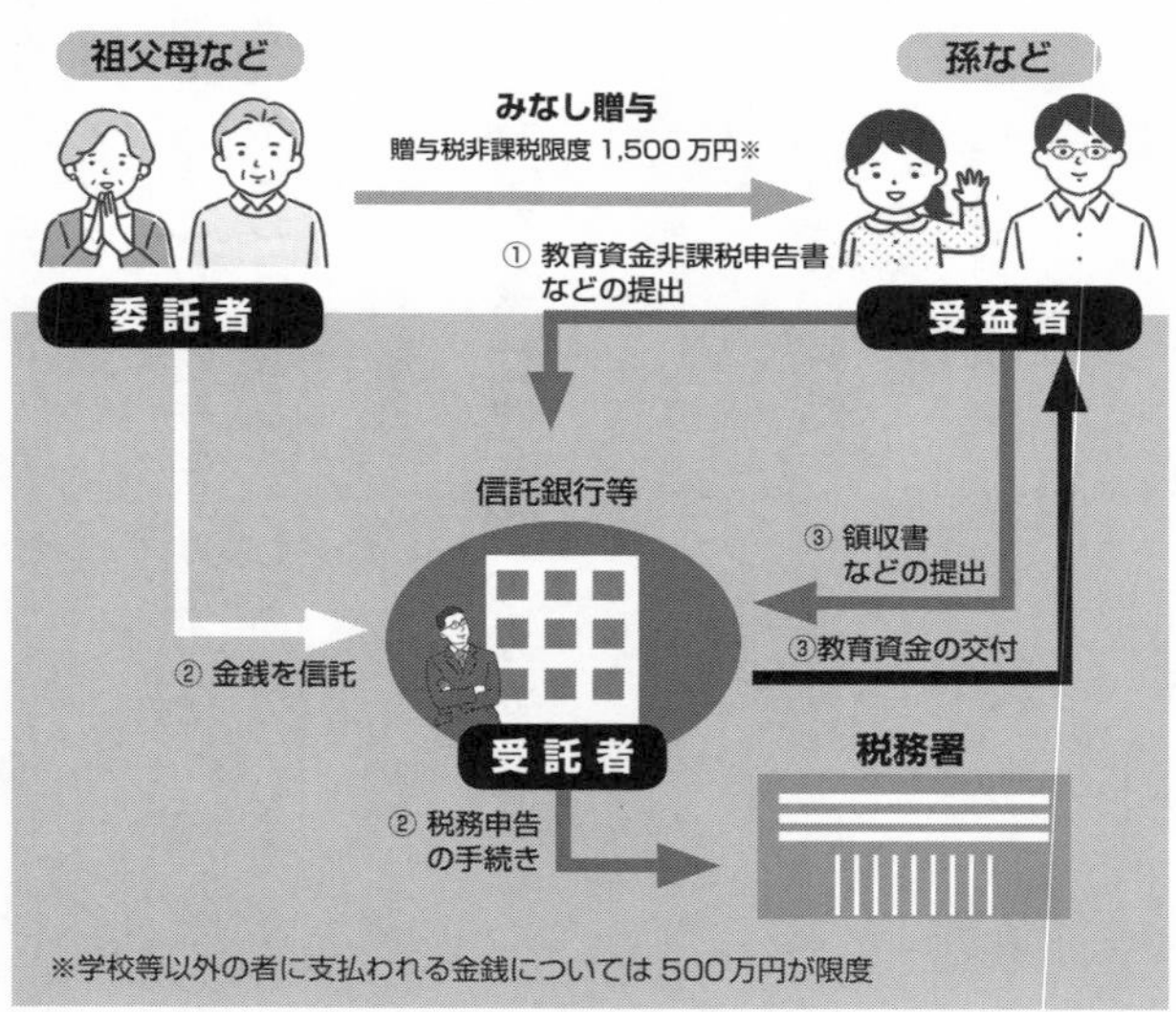

出所：一般社団法人信託協会ホームページをもとに作成
https://www.shintaku-kyokai.or.jp/special/how/education.html

とはいえ、「その都度お金を受け渡しするのは面倒」と考える人もいるでしょう。とくに、教育資金は、入学金や授業料など、多額のお金が何度も必要になるので、まとめて受け渡しをしたいという人は少なくないと思います。

そこで利用したいのが、**「教育資金の一括贈与に係る贈与税非課税措置」**（以下、「教育資金特例」）です。この特例の期限は２０２２年度末でしたが、２０２３

年度税制改正において、期限を3年間延長する方針となりました。

教育資金特例は一般的な贈与税の特例と違って、金融機関で手続きを行う点が特徴です。以下の手順で金融機関に財産を預け、これを子や孫が必要な都度引き出すという形になっています。

1　金融機関に子・孫（受贈者）名義の教育資金口座を開設し、「教育資金非課税申告書」などを提出

2　親・祖父母（贈与者）が、教育資金口座に、教育資金を一括して預ける

3　受贈者が教育費を支払い、領収書をもらう

4　受贈者が金融機関に領収書を提出し、資金を引き出す

教育資金特例を使えば、学校に支払う入学金や授業料、学用品費などが１５００万円まで（この内、学習塾や習い事、通学定期代など、学校以外の費用は５００万円まで）非課税となります。

教育資金の贈与をその都度行うのが面倒な人にとって、教育資金特例は便利です。また、

「教育資金のつもりであげたのに、遊びに使われてしまった」といった事態を防ぐことにもつながります。

◇結婚や子育ての資金の援助をするときに使える特例

教育資金特例と似た制度に、結婚や子育て資金の贈与に使える特例(以下、「結婚・子育て特例」)があります。

こちらは、**結婚費用や子育てのための費用を両親や祖父母に負担してもらった場合、贈与税を非課税にする**というものです。非課税枠は、結婚・子育て資金を合わせて1000万円、結婚資金は300万円までとなっています。

結婚・子育て特例は2022年度末までの制度でしたが、2年間延長され、2024年度末までの贈与が対象になります。

〈結婚資金の例〉

- 挙式費用・結婚披露宴の費用(婚姻の日の1年前の日以後に支払われるものに限る)

●新居の家賃、敷金等、転居費用

〈子育て費用の例〉

●不妊治療・妊婦健診の費用

●分べん費・産後ケアに要する費用

●子の医療費

●幼稚園・保育所等の保育料（ベビーシッター代を含む）

結婚・子育て特例を利用するときは、教育資金特例と同様に、金融機関などで手続きを行います。

気をつけたいのが年齢に関するルールで、**受贈者には「18歳以上50歳未満」という制限があります。**たとえ金融機関で手続きをしたとしても、結婚や出産が遅れて50歳になると、使い残した金額に贈与税がかかります。

教育資金特例と結婚・子育て特例に共通して言えることですが、計画どおりに教育や結婚、子育てが進めばメリットがあるものの、計画外のことが起きると非課税枠を使い切るのが難しくなります。

そもそも、必要な都度お金を渡したり、年間110万円の基礎控除を使ったりすれば、ほとんどの場合は贈与税がかからないはずです。まずはその都度お金を渡すことを考え、どうしてもまとまった金額の贈与が必要であれば、特例を利用することを検討するようにしましょう。

◆相続税調査で贈与の無申告がばれる

贈与税について、「こっそりとお金のやりとりをすればバレないのでは」と思った人はいないでしょうか。

しかし、生前贈与を税務署に隠し通すことは難しいと考えられます。税務署は複数の情報を総合的に勘案して、贈与税の申告漏れを把握しようと努めているからです。

とくに贈与税の申告漏れが発覚しやすいのが、相続税調査の場面です。相続税調査では、生前の預貯金の動きが必ずチェックされるので、そこで生前贈与が見つかります。

前述のとおり、２０２４年１月１日以降、相続開始前７年間に行われた生前贈与は原則として相続税の課税財産に加算されます。そのため、今後はますます相続税調査を機に、過去の生前贈与の有無がチェックされることになるでしょう。

ここで贈与税の申告漏れが発覚したら、追徴税がかかるおそれがありますので、やはりきちんと申告はしておくべきです。

一番いいのは、贈与税の基礎控除や特例を活用して生前贈与を行い、できるだけ贈与税を抑えて申告をしておくということです。また、**贈与者と受贈者に合意があったことについて「贈与契約書」で記録を残しておくことも重要**です。贈与契約書を作って家族間のお金のやり取りを文書の形で残しておくことは、遺産分割トラブルの防止にも役立ちます。遺産分割の際に使途不明金があると相続人の間で疑念が生まれかねないからです。「もらった」「もらっていない」といったトラブルにならないよう、親族間であってもお金のやり取りをするときは、その理由や使いみちを記録として残しておくことをお勧めします。

おわりに

読者の皆様、最後までお読みいただきありがとうございます。

日本は、世界的に見て税金に対する抵抗感が強い国と言われています。

２０１６年度に東京都主税局が行った税に関する意識調査の結果を見ると、中間層の税負担に関して、「あまりに高すぎる」「高すぎる」と答えた人の割合が60％に上りました。

しかし、税負担率自体は、国際的に見て高い水準ではありません。他のＯＥＣＤ諸国と比べると、日本の税金の負担率（対国民所得比、２０１９年）が25・８％であるのに対し、英国35・５％、フランス43・１％、スウェーデン51・３％となっており、世界には日本よりも税金が重たい国は多く存在します。

この認識のギャップを見て感じるのは、日本人の税金に対する理解度の低さがひとつの要因なのではないか、ということです。「余分な税金を取られている」「他の人は税金を免れているのでは」といった疑念にかられている人が多いことは、私が国税職員だった頃に幾度（いくど）となく感じました。

日本の労働者の約９割が給与所得者ですが、本書でお伝えしてきたように、日本のサラリーマンは税金の知識を得にくい構造があります。自分の税金がどのように計算され、どうすれば節税できるのかを知らないわけですから、税金に対して納得できないのもうなずけます。

しかしながら、税金は言うまでもなく社会を支える礎（いしずえ）です。公共サービスを維持し、経済を安定化するためにも、税金はなくてはならないものです。これから高齢化が進む日本社会では、今後ますます税金の役割が高まっていくでしょう。

そうした時代において、節税を入り口に税金に対する知識を深めていくことは、極めて重要になると私は考えています。この本がそのために役立ち、お読みいただいた皆様、さらには社会全体にいい影響が広がればと願っています。

PHP
Business Shinsho

小林義崇（こばやし・よしたか）

マネーライター。元国税専門官。

Y-MARK合同会社代表。(一社)かぶきライフサポート理事。1981年、福岡県生まれ。西南学院大学商学部卒業。2004年に東京国税局の国税専門官として採用され、以後、都内の税務署、東京国税局、東京国税不服審判所において、相続税の調査や所得税の確定申告対応、不服審査業務などに従事。2017年、フリーライターに転身。

著書に『すみません、金利ってなんですか？』(サンマーク出版)、『元国税専門官がこっそり教える　あなたの隣の億万長者』(ダイヤモンド社)、『あんな経費まで！　領収書のズルい落とし方がわかる本』(宝島社)などがある。

PHPビジネス新書 457

会社も税務署も教えてくれない
会社員のための節税のすべて

2023年4月7日　第1版第1刷発行

著　　者　小林義崇
発 行 者　永田貴之
発 行 所　株式会社ＰＨＰ研究所
東京本部　〒135-8137　江東区豊洲5-6-52
ビジネス・教養出版部　☎03-3520-9619(編集)
普及部　☎03-3520-9630(販売)
京都本部　〒601-8411　京都市南区西九条北ノ内町11
PHP INTERFACE　https://www.php.co.jp/
装　　幀　齋藤　稔(株式会社ジーラム)
組版・図版作成　株式会社ウエル・プランニング
印 刷 所　株式会社光邦
製 本 所　東京美術紙工協業組合

ISBN 978-4-569-85370-3

「ＰＨＰビジネス新書」発刊にあたって

わからないことがあったら「インターネット」で何でも一発で調べられる時代。本という形でビジネスの知識を提供することに何の意味があるのか……その一つの答えとして「**血の通った実務書**」というコンセプトを提案させていただくのが本シリーズです。

経営知識やスキルといった、誰が語っても同じに思えるものでも、ビジネス界の第一線で活躍する人の語る言葉には、独特の迫力があります。そんな、「**現場を知る人が本音で語る**」知識を、ビジネスのあらゆる分野においてご提供していきたいと思っております。

本シリーズのシンボルマークは、理屈よりも実用性を重んじた古代ローマ人のイメージです。彼らが残した知識のように、本書の内容が永きにわたって皆様のビジネスのお役に立ち続けることを願っております。

二〇〇六年四月

ＰＨＰ研究所